Nikkei Test of Economic Sense and Thinking

日経TEST

公式練習問題集 Part 2

「経済知力」を問う新選200問

NIKKEI TEST

日本経済新聞社編

JN269905

日本経済新聞出版社

まえがき

　ビジネスパーソンを取り巻く環境の変化が一段と速くなっています。最近の日本経済新聞を見ても、「各国が国債の信認を争うソブリン（政府債務）・ワールドカップの時代に入った」「原子力発電所の事故の後に再生可能エネルギーの開発が加速している」「少子高齢化による国内市場縮小と新興国市場の拡大に対応した産業再編の機運が盛り上がっている」「原油や鉱物など資源を巡る国際企業の攻防が激しい」など、変化の速さを象徴する重要なニュースが目白押しです。ツイッター、ユーチューブ、フェイスブックなどによりインターネットで飛び交う情報がスピードを加速させます。先行きが一段と不透明になり、ビジネスパーソンが当たり前だと思っていた昨日までの常識は通用しなくなっています。

「先輩社員を見習うな」――ある大手自動車部品メーカーでは、幹部社員から新入社員にこんな言葉がかけられます。系列の完成車メーカーから受注し、期限をきっちりと守って高品質で低コストの部品を納入するのが従来型の社員（先輩社員）でした。いま新入社員に求められているのは、部品の試作品をかついで中国の電気自動車メーカーに売り込み、ブラジルや南アフリカでも取引先を開拓する熱意と創意工夫にあふれた姿勢です。経済のグローバル化が加速し、新興国が台頭するなかで、中国は世界最大の自動車市場であり、ブラジルは2010年にドイツを抜いて中国、米国、日本に次ぐ世界４位の自動車市場に浮上しました。将来の姿が見えない時代に、ビジネスパーソンに必要とされるのは、「知識による情報武装をしたうえで、自ら考えながら道を切り開く力」です。

　日本経済新聞社と日本経済研究センターは2008年９月、「日経経済知力テスト（略称：日経TEST）」の全国一斉試験を始めました。日経TESTは経済の仕組みや流れを理解し、新しいビジネスを生み出す能力である

「経済知力（ビジネス知力）」を測定するテストで、毎年２回、全国主要都市で実施しています。受験者はベテランの編集委員らが生きた経済を題材に作成した100問を80分で解き、1000点を最高とするスコアを競います。企業が昇進・昇格試験に採用したり、就職を目指す学生がエントリーシートや面接で高いスコア獲得をアピールするなど利用が広がっています。日本経済新聞社は全国一斉試験のほか、企業・団体が場所・時間の制約を受けずに実施できる日経TEST企業・団体試験（100問）や、企業の研修用に開発して新聞記者経験者による問題解説講座を付けた日経TEST研修ドリル（50問）、新聞記者の情報収集スキル伝授や研修ドリルを盛り込んだ企業向けの１日研修（日経経済知力研修）などのラインアップを増やしています。

本書は、日経TESTの受験を考えている人のために2010年３月に発行した「日経TEST公式練習問題集」の「Part2」です。前著（「Part1」）と同様に、精選した200問を用意しました。欧州のソブリン危機から、身近なヒット商品まで幅広い分野を出題対象にしています。200問にじっくりと取り組むことで「経済に関する知識と、知識を活用する力（知力）の総体」である経済知力（ビジネス知力）を向上させることができます。「Part1」と「Part2」の両方を活用して、知識と知力を十分に鍛えたうえで全国一斉試験に挑戦し、高いスコアを目指してください。

2012年3月

日本経済新聞社

目　次

本書の使い方 ··· 6

日経TESTとは——あなたの「経済知力」を測る [Guidance] ···· 7
 1 日経TESTと経済知力 ··· 9
 2 日経TESTの問題構成 ·· 10
 3 経済知力を高めるには ·· 14
 4 受験者の声 ·· 21
 ■日経TEST　全国一斉試験実施要項 ·································· 23

練習問題Ⅰ——基礎知識 [Basic] ·· 25
 経済や経営に関する基本常識と仕事に役立つ
 実務性の高い知識を測る40問

練習問題Ⅱ——実践知識 [Knowledge] ······································ 67
 課題の解決に取り組む際に必要となる本質的かつ
 実践性の高い経済・経営知識を測る40問

練習問題Ⅲ——視野の広さ [Sensitive] ···································· 109
 多様な社会現象に対して幅広い関心を持つことが
 できているかを測る40問

練習問題Ⅳ——知識を知恵にする力 [Induction] ························ 151
 吸収した情報から一般的な法則や共通性を見つけ出し、
 応用可能な「知恵」に変える力を測る40問

練習問題Ⅴ——知恵を活用する力 [Deduction] ·························· 193
 既知のルールや一般論（知恵）を個別の事象に適用し、
 何らかの結論を導き出す力を測る40問

本書の使い方

日経TESTは独自に定めた出題指針にのっとり、１つの評価軸につき20問、計100問の問題を作成して出題しています。本書の問題も全国一斉試験の出題指針に準じており、1つの評価軸につき40問、計200問を掲載しています。全国一斉試験では、どれがどの評価軸に属する問題かは明示していませんが、本書では日経TESTを受ける人のための練習問題集という性格を勘案して、評価軸別に章を立て、各評価軸の問題の特色を理解できるようにしました。それぞれの評価軸については、冒頭の「日経TESTとは」を参照してください。

問題は右ページに掲載し、正解と解説をその裏（左ページ）に掲載しています。

似たような経済事象が、「実践知識」の問題として扱われたり、「知識を知恵にする力」の問題として扱われたりする例に遭遇すると思います。問題作成の切り口の違いによって、経済事象が異なった表情を見せることが分かります。問題の配列は、緩やかなグルーピングを意識したほかは格別の意図はありません。

本書は日経TESTの出題構造を理解し、問題になじんでいただくのが目的ですが、200問の問題と解説には日本と世界の経済の現状を理解するキーワード、情報が埋め込まれています。経済とビジネスについての今を読み解く解説書としても役立つものと思います。本書に収めた問題は2012年1月までの報道や公開された資料などを基に作成しました。

日経TESTとは

あなたの「経済知力」を測る

Guidance

1　日経TESTと経済知力

日経TESTは正式名称を「日経経済知力テスト」といいます。TESTは経済知力テストを英訳した「Test of Economic Sense and Thinking」の略称です。

初めて耳にする方も少なくないと思いますが、経済知力（ビジネス知力）を簡単に定義すると、「ビジネス上の思考活動に必要な知識と、それを活用する力（知力）の総体」ということができます。経済の仕組みを理解し、新しいビジネスを創出する力と言い換えることもできます。ビジネスに携わる人々にとっては欠かせない能力です。

例えば、「新商品を開発する」という思考活動について考えてみましょう。進め方は多様ですが、以下のような流れが一般的と考えられます。

①日ごろから世の中の変化や同業他社の動向に関心を向け、新しい情報を知識として蓄積しておく。

②蓄積した知識の中から、「消費トレンド」や「ヒットの法則」を抽出する。

③抽出した「消費トレンド」や「ヒットの法則」を自社の経営資源に照らし合わせ、最適な商品アイデアを発想する。

①は日ごろの情報収集を意味します。②は収集した情報の編集・加工、③は加工した法則を現実に応用する過程を示します。このように、「知識」のストックとそれを活用する「知力＝考える力」が存在することで初めて、新商品開発という思考活動を円滑に進めることが可能になります。もちろん、新たに収集した情報を生かすためには、経済構造や企業を取り巻く環境、経営実務などに関する知識をある程度は持っていることが前提になります。

ビジネス上の思考活動は新商品の開発に限りません。顧客の苦情処理、新たなソリューションの提供、日常業務における問題の解決、新規事業の立案、長期経営計画の策定……。これらも重要な思考活動です。そこではいつも、意識するとしないとにかかわらず、知識と知力が動員されているはずです。

日経TESTは、ビジネスの遂行に不可欠な「経済知力」を測るテストなのです。

2　日経TESTの問題構成

これまで述べたように、経済知力はビジネス知識と知力＝考える力で構成されます。知識の蓄積がなければ知力は生かせませんし、知力がなければ知識は役に立ちません。両者が有機的に結びついて経済知力が形成されます。

知識は、もう少し詳しく見ると3つの要素に分類できます。「基礎知識」「実践知識」「視野の広さを示す知識（視野の広さと略します）」です。また、知力は「知識を知恵にする力（帰納的推論力）」と「知恵を活用する

経済知力の構造

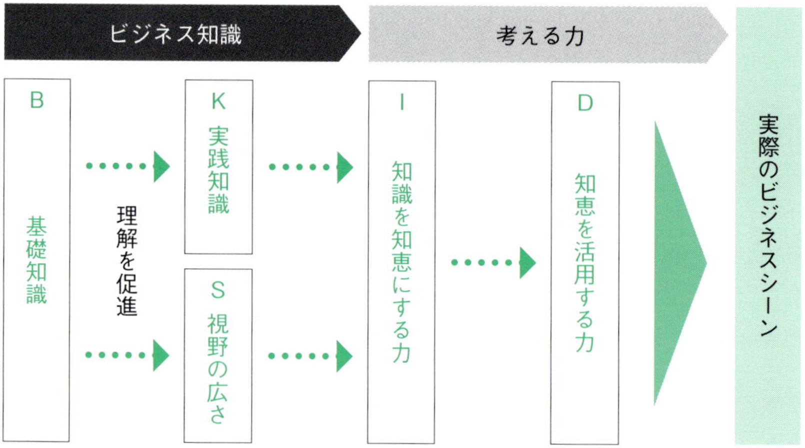

力（演繹的推論力）」の2つの要素に分かれます。この5つの構成要素こそ経済知力を測る評価軸ということになります。日経TESTでは各評価軸につき20問、計100問の問題が出題されます。

（1）5つの要素＝評価軸

それでは5つの要素＝評価軸を詳しく解説しましょう。

❶基礎知識［B＝Basic］

文字通り、経済・ビジネスを正しく理解するための知識です。それを知らないと経済現象が正しく理解できず、仕事に支障をきたす恐れのある知識を指します。経済や経営に関する基本常識と、仕事に役立つ実務性の高い知識に大別できます。

デフレ、経済成長率、為替相場、社外取締役の機能、持ち株会社……。これらは経済や経営に関する基本常識に含まれるものです。実務性の高い知識とは、例えば損益計算書の読み方、マーケティング手法に関する常識、個人情報保護法や著作権法など、ビジネスパーソンとして知っておきたい基礎的な法務知識などを指します。これらの問題では、キーワードをきちんと理解しているかどうかが問われます。

❷実践知識［K＝Knowledge］

課題解決に取り組む際に必要となる本質的かつ実践性の高い経済・経営知識を指します。この分野も企業を取り巻く経営環境に関する知識と、環境変化に対応して講じる戦略や対応策についての知識・理解の2つに分けられます。基礎知識がいわば教科書的で普遍性が高いのに対して、実践知識は生きた経済や企業行動を反映しており流動的な要素をはらみます。

BRICSの台頭、少子高齢化の進行、環境保護の動き、世界金融危機の影響などが経営環境に関連する知識です。一方、M＆A、アウトソーシング、ネットスーパー、排出枠取引などは経営環境の変化に対応した企業行動を表すものといえます。

この分野の問題は個別的で、同じ戦略をある企業は採用するが、別の企業は選択しないということがあります。ある企業にとっては妥当性が高いと判断された方策が、他の企業では評価されないということがあり得るのです。正答率を高めるには新聞や経済誌などのニュース、解説をしっかりチェックしているかどうかがポイントとなります。

❸視野の広さ［S＝Sensitive］

知的好奇心が強く、多様な社会現象に対して幅広い関心を持つことによって得られる知識です。通勤の途中に街角で体験したこと、テレビの海外ニュースで見た忘れられないレポート、新聞のアンケート調査の記事にあった意外な報告、趣味の音楽愛好仲間から聞いた面白い話、スーパーの店頭で出合った新商品などなど、日々の暮らしの中で記憶にとどめた知識は、いつの日か自分の仕事で役に立つことがあるかもしれません。経済的な価値の源泉は日々の生活の中にあるからです。出題範囲は広く、受験者にとっては対策の立てにくい問題分野ですが、アンテナを常に高くしておくことが重要です。

❹知識を知恵にする力＝帰納的推論力［I＝Induction］

知識として吸収した情報から一般的な法則や共通性を見つけ出し、応用可能な「知恵」に変える力を指します。先ほど説明した「新商品の開発」の事例でいえば、「②蓄積した知識の中から、『消費トレンド』や『ヒットの法則』を抽出する」力が、知識を知恵に変える力です。複数の流行現象を分析して共通性に着目し、一つの概念へと抽象化する思考作業です。最近、頻繁に唱えられる「仮説構築」はこれに通じるものです。

出題の形式には、個別の事例を複数提示して一般論を推論するケースや、複数の個別事例の中から共通のルールや概念に該当するもの、または該当しないものを探し出すケースなどがあります。

❺知恵を活用する力＝演繹的推論力［D＝Deduction］

既知のルールや一般論（知恵）を個別の事象に適用し、何らかの結論を導き出す力を指します。問題の原因の特定や結果の予測といった日常的な思考の多くは、過去の経験則に照らして判断しているという点で、演繹思考の典型ということができます。「新商品の開発」の事例では、他社のヒット事例から引き出した法則を自社の経営資源に適用し、自社なりの新商品を企画する過程がこれに該当します。既知のルールや一般論を適用するだけでは前例踏襲に終わる恐れがあり、本当に競争力のある商品を企画しようという場合は、「新商品の開発」の事例のように新しいルールを自ら創出する作業が重要となります。

出題の形式には、事象を提示して結論を推論させるケースや、結果を提示して原因となった事象を特定するケースなどがあります。「知恵を活用する力」の問題は知識や知恵が前提となりますので、知識問題や「知識を知恵にする力」の問題が含まれることもあります。また、グラフの問題などでは知識と推論のウエートの相違によって、分類が異なることもあります。

(2) 成績表について

日経TESTの成績は1000点を上限の目安とするスコアで表示します。スコアは項目反応理論（IRT）と呼ばれる統計モデルを使って算出します。正解1問につき10点のスコアが配点されるわけではありません。スコアは事前調査を含めた各種のデータを総合して算出しています。スコアが示す値は常に一定です。仮に1回目のテストと2回目のテストに難易度の差があったとしても、成績表のスコアが2回とも500点であれば、その人の能力は変わらないということを示しています。テスト間の比較といいますが、前のテストから能力がどの程度向上したかを客観的に把握できるのが、IRTによる分析の特色です。

成績表ではこのほかに、5つの評価軸別スコア（上限の目安は100点）や順位、テストの結果についての講評なども記載しています。

3　経済知力を高めるには

日経TESTで高いスコアを目指すには、平素どのような準備をすればよいのでしょうか。テスト事務局で高いスコアを獲得した受験者に対策を伺ったところ、「日経TESTのためだけの特別な準備は無理です」という声が多く寄せられました。その理由は出題範囲の広さ。そのため、傾向を読み対策を講じるのが極めて難しいとのことです。

一方、高いスコアを獲得している受験者がそろって実践していることがあります。それは「普段から経済やビジネスに関する知識を増やしたり、考えたりする習慣を身に付けておく」ということです。

（1）知識編――どうやってビジネス知識を増やすか

❶読む記事を増やす

いきなり経済やビジネスについて自分なりに考える力、すなわち「経済知力」を高めようといっても容易ではありません。まずはそのための基礎体力づくりが必要です。基本的な知識を増やすことです。それには日々接する新聞の記事を増やし、収集する情報量を増やすことが重要です。

野球選手が打席で好結果を残すには、日ごろの練習が大切です。どれだけ素振りを繰り返しているか。新聞を読むことに置き換えると、日々どれだけの記事に接し、読みこなしているかということです。

まずは接するニュースを増やしましょう。新聞は毎日発行され届けられます。1日の朝刊はおよそ新書2冊分の文字量があります。すべてを読むのは至難の業です。多忙なビジネスパーソンが効率的にニュースを読みこなすには、記事の構造を知ることが近道です。「新聞記事には重要なことが書かれているので、最後まで読まないと理解したことにならない」。こういう声をよく聞きます。これは誤解です。なぜなら、新聞記事は大事なことから順に書かれているためです。

大きい記事は主に3つのパートに分けられます。　①見出し、②前文

（リード）、③本文です。

事例の記事（日本経済新聞2011年12月29日付朝刊１面）を見てください。見出しはその記事にどういうことが書かれているのか、ひと目で読者に理解してもらう役割を持ちます。読者は見出しを読むことで、自分が読みたい記事であるかどうかを判断できます。

興味を持ったら、続いて前文を読みます。前文は記事の要約で、概要が

海外M&A過去最高

今年5兆円突破

内需に危機感、新興国へ

円高・潤沢な資金追い風

日本企業による海外企業のM&A（合併・買収）が2011年に総額5兆円を超え、過去最高となったことが分かった。内需低迷に危機感を抱いた企業が新興国などに成長機会を求めたほか、円高を生かして買収攻勢をかける企業も多い。4月以降、海外M&Aなど直接投資に伴う資金流出は経常収支の黒字額を上回っており、日本経済を巡るおカネの流れも変わりつつある。（海外M&Aは3面「きょうのことば」参照）＝関連記事3面に

日本企業による今年の海外M&Aは609件、684億ドル。買収額は前年比78%増となり、過去最高だった08年を上回った。米企業の海外買収は56%増の2051億ドル、欧州企業の域外企業買収は22%減の1601億ドルで、日本の伸びが目立つ（データは米調査会社トムソン・ロイター）。

今年最大の案件は武田薬品工業が約1兆円を投じたスイス企業ナイコメッドの買収。「新興国に出て行かないと成長はない」（長谷川閑史社長）と判断し、新興国に強い同社を傘下に収めた。東京海上ホールディングスは「地域分散で収益安定を図る」（隅修三社長）として、米保険会社デルファイ・ファイナンシャル・グループの買収を決めた。国内市場の成熟化に対応し、海外市場に地歩を築こうとの動きだ。

（後略）

2011年は日本企業の海外買収が加速

	主な買い手	買収対象	金額
細る内需に危機感	武田薬品工業	ナイコメッド（スイス製薬）	1兆1086億円
	キリンHD	スキンカリオール（ブラジル・ビール）	3038億円
	東京海上HD	デルファイ・ファイナンシャル（米保険）	2050億円
商社の事業投資が拡大	三菱商事	アングロ・アメリカン・スール（チリ銅山）	4200億円
	伊藤忠	米ドラモンドの石炭事業	1265億円
グローバル展開を加速	テルモ	カリディアンBCT（米医療機器メーカー）	2162億円
	東芝	ランディス・ギア（スイス電力計メーカー）	1863億円

（注）金額はレコフまとめ

コンパクトにまとめられています。

その後に本文が続きます。新聞の1面に出ている記事は、特に重要なニュースであるため、本文は長めです。しかし、本文は後になればなるほど補足的な内容になり重要度が低下します。記事は重要なことから順に書かれているからです。見出しと前文を読めば、記事の大体の内容は分かります。

❷言葉を正しく理解しよう

ニュースを理解するコツは、ニュースに出てくる新しい言葉の意味を正しく理解することです。特に経済ニュースの場合、やや専門的な用語もあるのでなおさらです。ここで役立つのは、日本経済新聞の3面にある「きょうのことば」です。1面の大きなニュースに出ている重要な用語をここで説明しています。

最近は欧州経済にかかわる問題として「ソブリンリスク」という言葉をよく目にします。普段の暮らしの中ではあまり聞くことがない言葉です。「ソブリン」には「政府の」という意味があります。欧州の政府が大きなリスクを抱えているということが想像できますが、面倒でもきちんと調べてみると理解が進み、記事の内容もすんなり頭に入ります。

ソブリンリスクは政府の信認リスクということ。分かりやすくいうと、政府は財政の不足を補うために国債を発行して借金をしますが、借りたお金を返せなくなる懸念のことをいいます。いろいろな理由で経済破綻する個人がいますが、国も同様な危機に直面しているわけです。

❸あらすじをつかめば、先を読める

ニュースを追い続けることは、よく長編ドラマを見ることに例えられます。人気のドラマも途中からいきなり見始めると、ちんぷんかんぷんです。しかし、しばらく見続けていると、登場人物の性格や人間関係が見えてきます。そうなるとドラマの先行きを自分なりに読めるようになってきます。ニュースでも似たところがあります。

ソブリンリスクにしても言葉の意味だけ理解して分かったと思うのは十

分ではありません。また欧州の状況だけ見ていても、世界経済が直面する問題が見えてきません。2011年は米国の国債格付けが引き下げられました。日本も深刻な財政事情を抱えています。こうした流れが進めば、欧米との経済的な関係で好調を持続してきた新興国の景気にも大きな影響が及ぶでしょう。このように流れを追うことは重要です。

❹食わず嫌いをなくそう

もう一つ大切なことは、食わず嫌いをなくすことです。この点は就職活動中の学生の皆さんは特に注意するべきです。若手のビジネスパーソンの皆さんも参考にしてください。

「自分は鉄道会社への就職を目指しているから、金融業や流通業の知識は関係ない」。はたして、そうでしょうか。毎日利用している駅の中を見てください。様々な店舗が増えています。代表的なのは東京駅で、構内は一つの街を形成しているかのようです。決済手段として電子マネーの普及も進んでいます。金融や流通の知識なくして、鉄道会社での仕事は難しいでしょう。

毎日の新聞からは、今何が起きているかは確認できますが、歴史的な経緯や背景までは把握できないことがあります。まとまった情報を吸収するには、本を読むことも必要です。「日経文庫」（日本経済新聞出版社）のシリーズは経営全般から会計、法務まで幅広いジャンルを網羅しています。それぞれの本はそう厚くないので、短時間にまとまった知識を学びたいというニーズに適しています。各分野についてのさらに詳しい知識を習得したいという皆さんには「ゼミナール」シリーズ（同）もお勧めです。

（2）知力編――考える力を付ける

❶情報への感度を高める

日経TESTは経済やビジネスの基本的な知識を理解しているだけでは得点できません。ビジネスチャンスをつかむには、「今何が起こっているか」という最新のトレンドに対応することが重要です。日経TESTにも、そうした問題が多数出題されています。

こうした問題に対応するには、日ごろから高いアンテナを張っておくことが必要です。家族で買い物や食事に出掛けるようなシーンでも実に多くの発見があるものです。

例えば、書店。情報の宝庫です。大きな書店は店内を歩いているだけで様々な刺激の“シャワー”があります。「あまり本は読まない。書店にも行かない」というのは論外ですが、「書店ではビジネス書のコーナーにしか立ち寄らない」というのも、もったいない話です。専門分野以外の本もたまに見てみると、視野を広げるのに役立ちます。

事例を使い、情報への感度をどう高めていくかを見てみましょう。

次の３つに共通するのは何でしょうか。

・東京都足立区

・早稲田大学競走部

・石原軍団

答えは「レシピ本」です。

「日本一おいしい給食を目指す」足立区については『日本一おいしい給食を目指している―東京・足立区の給食室』という本があり、家庭向けの調理法が紹介されています。2011年の箱根駅伝を制するなど強豪校の一角、早大競走部。『早稲田大学競走部のおいしい寮めし』という書籍には寮の栄養士によるレシピが満載です。『石原軍団の炊き出しレシピ33　つくってあげたいこだわりごはん』という本は、東日本大震災直後に被災地で炊き出しをした石原軍団の活動の模様をレシピとともに伝えています。

書店で料理本のコーナーに立ち寄ることがある人は即答できたのではないでしょうか。低カロリーでも満腹感を実感できる、健康機器メーカーのタニタの社員食堂のレシピ本がヒットして以来、同様な企画が相次いでいます。ここで大切なのは、「レシピ本」という共通のキーワードを発見して終わるのではなく、なぜこのような本に注目が集まるのかという理由や背景を考えることです。背景としては、様々な食への関心が格段と高まっていることが指摘できます。

ビジネスチャンスも考えられます。タニタにしても早大にしても、この本のためにレシピを作ったのではありません。それらはすでにありました。食への関心の高まりにより、注目を集めるようになったわけです。食に限らず、ある企業や団体が昔から所有してきた資源が「お宝」に様変わりするということも読み取れます。全国で注目を集めるB級グルメや横浜、川崎の工場夜景も、「すでにあるもの」の価値が再認識され人気を集めています。自社や地元にも意外な資源が眠っているかもしれません。

❷大きな流れに注目する

新聞を読みこなすのが上手なビジネスパーソンがいます。共通するのは、個々の記事を理解し「はい終わり」というのではなく、複数の記事の関係を読もうとしていることです。1日の新聞にはたくさんの記事が掲載されます。複数の記事を読みこなし、自分なりに共通するキーワードを見付けることで、単なる現象ではなく底流にあるトレンドをつかみとることができます。

自動車についての記事を見てみましょう。2011年12月21日の日経MJには「カーシェア会員急増」という記事が掲載されています。業界大手のパーク24とオリックス自動車を合わせた会員数が10万人を突破しました。

一方で2011年の東京モーターショー。自動車への考え方が少し変わるイベントになりました。車は単に移動のためのツールではなく、IT（情報技術）を駆使し情報端末としての機能を果たしたり、家庭での電源に利用したりするなど、従来とはまったく違う役割が期待されています。これは2011年11月16日の日本経済新聞に記事が出ています。

自動車への考え方、ニーズが大きく変化しています。従来の自動車愛好家ばかりでなく、幅広い消費者に新しい車の魅力を訴求することが重要になります。そのためには、新たな販路も検討する必要があるということで、三菱自動車はテレビ通販のジャパネットたかたと組み、電気自動車（EV）の通信販売に乗り出します。EVへの関心を高めるには、幅広い客層にアピールしやすいテレビ通販が有効と見ての取り組みです。

以上に共通するキーワードは自動車です。ただ、自動車が直面する問題の背景には、商品としての位置付けが様変わりしていることがあります。

そのため、

・シェアリングとしての利用法

・新たな機能の提案

・従来は想定しなかった販路

という違った角度から考えてみることが必要になってくるわけです。家電量販店のヤマダ電機が住宅の販売に力を入れるなど、商品としての住宅の性格も変わってきています。他の商品分野でもこうした流れは一段と進むことが予想されます。

❸自分・自社に置き換えて考える

自動車のような大きな存在感を示してきた商品がそうなのですから、ほかにも同様な商品は多々あるでしょう。

もう一点、高スコア獲得者に尋ねた際、多くの人が指摘したのは、記事に出ていることを「分かった」で終わらせず、「自社の立場ではどうなるか？」など、具体的に考えることを心掛けるということでした。

このような思考を巡らす際に注意すべきことは、自分なりに仮説を立て、事態の推移を見ながら検証すること、そして経営者や幹部の立場になって考えてみることです。一般社員の裁量範囲は限られていますが、トップの立場で考えてみることは、柔軟な思考力を鍛えるトレーニングになります。

4　受験者の声

■ **福城和也**（ふくしろ・かずや）氏（45歳）　802点

株式会社ヤナセ　秘書・広報宣伝室　広報宣伝課
課長

情報を読むセンスが磨かれ、新しい洞察が生まれます

日経TEST挑戦の動機は、普段から新聞をよく読んでいるのでそれなりにできるだろうという軽い思いでした。腕試しのつもりで2010年６月に初挑戦したところ想像以上に難しくスコアは732点。成績表を見て経済の基礎知識が弱いのとテクノロジー関連の知識が乏しいことに気づきました。そこで800点超えを目標に再挑戦を決意しました。

まず、日本経済新聞、日経産業新聞、日経MJ各紙の読み方と活用法を見直しました。私にとって日経新聞は経済全体を見る“鳥の眼”、日経産業新聞は現場を見る“虫の眼”、日経MJは世の中の流れを見る“魚の眼”です。弱点のテクノロジーの知識増強策として特に産業新聞を熟読しました。

心掛けたのは、情報を完全に記憶することより、分からないことや疑問に思ったことを絶対にそのままにしないことです。テスト対策用ノート以外にもスケジュール帳などに書き込みをして自分なりにポイントを整理しました。

その甲斐あって11年６月に挑戦した２回目は何とか800点を突破しました。最もうれしかったのは前回苦手だったジャンルの正答率が大幅に上がったことです。テスト対策プランをきちんとマネジメントして思った通りの成果が出せたことは自信になりました。

情報を読むセンスが磨かれて、経済の様々な現象が起こる仕組みを改めて理解できたため、新しい洞察ができるようになった気がします。さらに短い時間に多くの問題に取り組むこのテストは知的な瞬発力がつき、ビジネスに生きると思っています。

■ **矢部 功**（やべ・いさお）氏（38歳） 774点

総務省 兵庫行政評価事務所　評価監視官室
評価監視調査官

経済を学び、考える力が養われたと感じています

国の行政機関の業務が効率的・効果的に行われているかを調査し、必要な行政運営の改善を勧告する仕事をしています。予算に無駄が生じていないか、費用に見合った効果が得られているか、さらに効率的・効果的に業務を進められないかという観点から調査する案件が多くなっています。「世の中から何が求められているか」「将来のためにどうあるべきか」。視野の広さや思考の柔軟性が求められます。

日経TESTはそうした視点を認識し、自分の力を確認するツールといえます。受験した印象は、知識を持っていれば比較的スムーズに正解に至る問題が多い一方、大局的な流れをしっかりと把握していれば、知識がなくても考えることで解答できる問題も目立つということです。あまり手掛かりがないような問題も、「経営者であればどう判断するか」「消費者は何を求めているか」「世の中はどのような方向に動いているか」と落ち着いて考える。すると解答の糸口が見えてきます。

出題範囲は極めて広範なので、一夜漬けのような対策は通用しません。とにかく毎日の新聞を丹念に読み、分からない用語などは忘れずに調べ、理解するようにしています。平日昼間のニュース番組も、帰宅後に録画で見るようにしています。

私は走るのが好きで、ほぼ毎夜7、8キロを走り、大会にもよく参加します。マラソンと日経TESTには共通点があります。一つは数字で結果が出る点。もう一つは、どちらも頑張れば頑張っただけ成果が上がるという点です。これからも心身を共に磨き、挑戦を続けていきたいと思います。

■日経TEST　全国一斉試験実施要項

主催	日本経済新聞社・日本経済研究センター
実施日	第８回　2012年６月17日（日曜日）午後１時10分集合 第９回　2012年10月28日（日曜日）午後１時10分集合
試験会場	札幌、盛岡、仙台、東京、新潟、名古屋、金沢、大阪、広島、高松、福岡、熊本
申し込み締め切り	第８回　2012年５月16日（水曜日） 第９回　2012年９月26日（水曜日）
申し込み方法	ホームページ(http://ntest.nikkei.jp/)からお申し込みいただけます 主要書店の店頭に配布の申込書もご利用いただけます
受験料	5,250円(税込み)
出題形式	問題は四肢択一の選択式、解答はマークシートに記入
出題数	100問
試験時間	80分
出題分野	経済・ビジネスの基礎、金融・証券、産業動向、企業経営、消費・流通、法務・社会、国際経済など幅広い分野から出題
成績発表	テストの結果は上限1000点のスコアで表示 テスト実施の約30日後に成績表（公式認定証）をお送りします
受験資格	経済・ビジネスに関心のある方ならどなたでも受験できます
ホームページ	http://ntest.nikkei.jp/

＊詳しくはホームページ（http://ntest.nikkei.jp/）をご覧ください。

練習問題 I

基礎知識

Basic

Q1

日本の国内総生産（GDP）についての説明で間違っているのはどれか。

① GDPは一定の期間に生み出された付加価値の合計額で、日本の経済規模を示す。

② 日本のGDPの規模は米国、中国に次いで世界3位だ。

③ GDPを支出面から見ると、一番大きいのは設備投資だ。

④ 日本のGDPはデフレ傾向を反映し、実質GDPが名目GDPを上回っている。

Q2

景気動向指数は日本の代表的な景気指標であり、（A）のような「先行指数」、大口電力使用量のような「一致指数」、（B）のような「遅行指数」の計29の指数をもとに算出される。（A）（B）に入る用語の組み合わせで正しいのはどれか。

① A＝日経商品指数（42種総合）　B＝完全失業率

② A＝日経商品指数（42種総合）　B＝新設住宅着工床面積

③ A＝有効求人倍率　B＝完全失業率

④ A＝有効求人倍率　B＝新設住宅着工床面積

A ③

国内総生産(GDP)に関する問題 GDPは国内で一定期間に生み出された付加価値（モノやサービスの生産額から原材料などの中間生産物の額を引いたもの）の合計額で、経済の規模を表す。日本のGDPは1968年以来、米国に次いで世界2位だったが、2010年に中国に追い抜かれ、3位となった。GDPをお金を払う側の支出（需要）面から見ると個人消費、民間設備投資、政府支出、純輸出（輸出－輸入）などからなる。一番比重が大きいのは個人消費で、全体で約6割を占める。物価変動の影響を除いたものを実質GDP、その時々の実際の価格を基に算出したものを名目GDPという。日本経済は物価が持続的に下落するデフレ傾向が続き、実質GDPが名目GDPを上回っている。

A ①

景気動向指数に関する問題 「完全失業率」や「法人税収入」は代表的な遅行指数だ。例えば景気が後退すれば、コスト削減のため人員整理に踏み切る企業などが増え、業績悪化により決算時の納税額も減っていくと考えられる。しかし、これらが失業者数や法人税収入額の変動として統計上に表れるまでには一定の時間がかかる。そのため、「完全失業率」も「法人税収入」も実際の景気変動よりもやや遅れて動くと考えられる。これに対し、商品市況は景気の変動に先立って動く傾向が強い。需給によって敏感に価格が変わる鋼材や石油製品など42品目の価格動向を示す日経商品指数（42種総合）は先行指数に組み入れられている。また、代表的な一致指数には大口電力使用量、有効求人倍率、鉱工業生産財出荷指数などがある。

Q3

国債の価格と利回りに関する記述で間違っているのはどれか。

① 国債は発行されたときの利息が償還まで変わらないので、利回りは市場での価格の変化によって上下する。

② 価格が上がれば利回りは低下、逆に価格が下がれば利回りは上昇する。

③ 国債の価格が上がれば債券としての価値が上がるので利回りも上昇する。

④ 一般的に景気が悪いと日銀は金利を引き下げ、国債の価格は上昇する。

Q4

政府の一般会計予算の費用項目で、予算額が年々増加し最も大きい費用項目はどれか。

① 社会保障関係費

② 公共事業関係費

③ 文教・科学振興費

④ 防衛関係費

A ③

国債の価格と利回りに関する問題 国債の利回りはその国債の年間の受け取り利息などを購入価格で割って計算する。当該国債の受け取り利息は償還まで一定なので、購入価格が上がれば利回りは低下、下がれば利回りは上昇する。結果として国債の利回りと価格は逆に動くことになる。一般に景気が悪化しているときは、日銀が金利を引き下げる可能性が高まるうえ、株より安全な資産の国債を買おうとする投資家が増える。この場合、国債の価格は上昇し、利回りは低下する。

A ①

社会保障関係費に関する問題 2012年度当初予算案の歳出別の費用項目では、社会保障関係費が26兆3901億円とトップ。前年度比8.1％減となったが、基礎年金の国庫負担分を含めると実態は微増で過去最大となる。この増加をいかに食い止めるかが、財政再建の最大の課題だ。一般会計の総額は11年度当初比で2.2％減の90兆3339億円で6年ぶりに前年度を下回ったが、別枠の復興経費を含めると実質的には約94兆円と過去最大となり、先送りした年金財源を含めると実質は96兆円を上回る。

Q5

日銀の金融調節の操作目標（誘導対象）となっている金利はどれか。

① 公定歩合

② 無担保コール翌日物金利

③ 10年物国債利回り

④ 日銀当座預金残高

Q6

日銀の次のような行動の中で、非伝統的金融政策に当たらないのはどれか。

① 長期国債や社債などの購入

② 量的緩和政策

③ 短期金利誘導目標の引き下げ

④ 上場投資信託（ETF）や不動産投資信託（REIT）の購入

A ②

金融調節の誘導目標に関する問題 日銀は短期市場金利のうち無担保コール翌日物金利を誘導のターゲットとして、金融調節を行っている。以前は、日銀の金融機関向け貸出金利である公定歩合が政策金利だったが、市場で金融調節を行うようになってからその役割はなくなった。10年物国債利回り（長期金利）は市場で決定されており日銀が直接関与できない。日銀当座預金残高は、量的緩和政策の操作目標となるが、金利ではない。2010年10月５日、日銀は「包括的な金融緩和政策」を決定、ゼロ金利政策を導入することになったが、その決定内容は「無担保コールレートを0～0.1％程度で推移するよう促す」とあり、無担保コールレートが誘導対象であることに変わりはない。

A ③

日銀の非伝統的金融政策に関する問題 一般に中央銀行は、公開市場操作などによって政策金利を誘導し、金融機関の将来の金利期待に影響を与えることを通じて、金融政策を実行してきた。日本の場合、政策金利はかつては公定歩合だったが、現在は無担保コール翌日物金利である。しかし、ゼロ金利が続くなかで、日銀は非伝統的な金融政策も打ち出す必要に迫られた。日銀における当座預金残高を高水準に保つ量的緩和政策はその代表的なものだ。さらに最近では、企業の信用補完にも役立つ社債の購入や、資本市場への直接的な資金注入となるETF、REITの購入、あるいは成長分野へ融資する金融機関への低利融資など、幅広い包括的緩和政策を実施して、伝統的金融政策を補完している。

Q7 日銀短観の説明で間違っているのはどれか。

① 正式名称は「全国企業短期経済観測調査」という。

② 全国のさまざまな職業に従事する消費者の動向が分かる。

③ 経済指標の中でも、足元の経済の状況がつかみやすい特徴がある。

④ 調査結果はDIと呼ばれる指数で表される。

Q8 日本における為替介入に関する説明で正しいのはどれか。

① 財務省の指示で日銀が実施する。

② 財務省と日銀が対等の立場で協議し日銀が実施する。

③ 日銀の判断に基づき財務省が実施する。

④ 日銀の助言を得て財務省が実施する。

A ②

日銀短観に関する問題 日銀短観は、全国の消費者ではなく企業経営者が景気の現状や先行きについて、どう見ているのかが分かる調査である。正式名称は「全国企業短期経済観測調査」。日銀が資本金2000万円以上の民間企業（金融機関は除く）のうち、業種や企業規模別に約１万社を選んで、全国の支店を通じてアンケートを行う。実施回数は年４回（３月、６月、９月、12月）で、翌月に結果が発表される（12月調査は同月の半ばに発表）。調査は企業の業績や在庫の状況、生産設備や雇用の過不足、資金繰り状況などについて現状と３カ月後の予測を聞く内容で、調査結果は「DI」（Diffusion Index＝拡散指数）と呼ばれる指数を使って表される。日銀短観の特徴は、経済指標の中でも足元の経済状況がつかみやすい点。日銀短観と同様に年４回発表される国内総生産（GDP）は、調査する四半期が終わってから約１カ月半後にならないと結果が分からないのに対して、日銀短観はアンケート回収から１カ月弱で結果が発表される。

A ①

為替介入に関する問題 為替介入は急激な為替相場の変動があった場合、政府が外国為替市場で通貨を売買し相場を安定させる手法。正式には外国為替平衡操作という。日本では財務省が介入するかどうかを判断し、介入の金額やタイミングを決める。日銀は財務省の指示に従って代理人として実務を行う。具体的には、円高ドル安を阻止する場合、日本の債券市場で政府短期証券（FB）を発行して調達した円資金を為替市場で売却し、ドルを買い入れる。円安ドル高を防ぐ場合は、財務省が所管する外国為替資金特別会計（外為特会）が持つドル資金を市場で売却し円を買う。

Q9 経営戦略の一つである「ブルー・オーシャン戦略」の説明で最も適切なのはどれか。

① 競争の激しい既存の市場の中で、低コスト化を図り、顧客の注目を集める。

② 低コスト化を目指しながら、業界で未知の要素を取り入れ他社との違いを打ち出す。

③ コストは上がるが製品価値を高めることによって顧客の満足度を上げる。

④ 競争の少ない既存の市場の中で、コストを上げたり、下げたりして顧客の関心を引く。

Q10 設備投資動向を見る指標として最もふさわしくないのはどれか。

① 資本財出荷

② 機械受注

③ 建築着工床面積

④ 公共工事請負金額

A ②

ブルー・オーシャン戦略に関する問題 ブルー・オーシャンとは魚も資源も取り放題の青い海、つまり競争のない未開拓市場のこと。差別化・高付加価値化と低コスト化を同時に実現することで企業と顧客双方に対する価値を高める戦略で、新需要を開拓するため利幅が大きく成長も速い。成功例として、カナダのサーカス劇団「シルク・ドゥ・ソレイユ」や格安カットの「QBハウス」などが挙げられる。ブルー・オーシャンの反対の概念がレッド・オーシャンで、競争の激しい既存の市場を指す。

A ④

設備投資の経済指標に関する問題 資本財出荷は、経済産業省「鉱工業生産」統計の一部で、機械設備など資本財の生産・出荷動向を示すものであり、これは企業の設備投資をモノの動きからとらえた指標である。機械受注は、内閣府から発表され、機械メーカーの受注動向を示し、設備投資の先行指標とされている。建築着工床面積は、国土交通省の建築着工統計の一部で、建設投資の動向を反映し、設備投資動向を見るのに利用される。これに対して公共工事請負金額は、建設業信用保証会社が集計・発表する公共投資の請負額の指標であり、民間設備投資とは直接関係ない。

Q11 日本の輸出を増加させる要因になる可能性が最も高いのはどれか。

① 円高

② 中国の製造業の生産縮小

③ 国内の在庫の増加

④ 原油価格の上昇

Q12 個人消費の動向を見る指標として最も不適切なのはどれか。

① 東京ディズニーランド入場者数

② ホテル稼働率

③ 百貨店売上高

④ 薄型テレビ販売台数

A ③

日本の輸出の増加要因に関する問題 円高は輸出の手取りを減らし、また日本製品の価格競争力を損ない、明らかに輸出を減少させる要因。中国の製造業の生産縮小は、中国向け部品・生産財の輸出減少につながる。中国製品と日本製品は市場で競合している面は比較的小さいので、中国生産の縮小が日本の輸出増を招くことはないと考えられる。国内の在庫増は、通常は輸出増加圧力となる。原油価格上昇は、国内製造業にコスト圧力となり、また世界景気にマイナスで、産油国の輸入需要は増えてもトータルでは、輸出増には働かない。

A ②

消費の経済指標に関する問題 その指標が、個人や法人のどのような消費需要で決まっているかを見極めることが、判断のポイントになる。東京ディズニーランドは、家計の観光・レジャー需要の指標になりうる。ホテル稼働率は、特に集計・発表される主要ホテル稼働率の場合、主としてビジネス客、外国人旅行客の動向に依存すると考えられるので、通常は消費指標とは見なされない。百貨店売上高は法人需要もあるが、ほとんどは個人だ。薄型テレビ販売は家計需要への依存が大きい商品であり、消費動向を測る重要な指標となっている。

Q13

製造業の収益環境を示す指標に交易条件（産出物価÷投入物価）がある。製造業全体として交易条件が悪化した場合、その背景として通常はありえないのはどれか。

① 原油価格の上昇

② 円高

③ デフレ

④ 競争の激化

Q14

在庫調整に関する説明で間違っているのはどれか。

① 在庫調整局面では在庫残高が必ず減少する。

② 在庫が適正と見られる水準に近づけば、在庫調整が進展したと判断できる。

③ 在庫調整の主たる手段は減産である。

④ 在庫調整が進展すると、景気回復の条件が整う。

A ②

交易条件に関する問題 企業にとっての交易条件は産出物価÷投入物価だから、その悪化（低下）は産出物価の下落か投入物価の上昇、あるいはその両方によって引き起こされる。原油価格上昇は原燃料費＝投入物価の上昇にあたる。円高は通常は対外交易条件（輸出物価÷輸入物価）の改善につながる。すなわち輸出物価も円高差損で下落するがそれ以上に輸入物価下落が大きい。この対外交易条件の改善が企業の交易条件にも反映するので通常は円高は産業全体の交易条件にはプラスと考えられる（個別業種・企業で見れば輸出産業はマイナスとなる）。デフレは、投入物価下落が大きければ交易条件にプラスだが、需要不足で販売価格＝産出物価が先行して下落している現状から、交易条件悪化に働くと考えるのが妥当だ。競争の激化も同様に販売価格＝産出物価下落に作用し、交易条件を悪化させる。

A ①

在庫調整に関する問題 在庫調整とは、需要の減少あるいは生産過剰によって過大になった在庫レベルを調整（減らす）しようとすることである。在庫調整は主に生産量のコントロール（減産を含む）によってなされるが、出荷（需要）の増加によっても調整が進む。ただ、在庫調整をしても出荷（需要）の減少がそれ以上であれば在庫残高が増加してしまうことがある。また、出荷（需要）が増加を維持していれば生産を抑制するだけで減産しなくても、在庫率（在庫÷出荷）は低下し、調整は進む。在庫が適正とされるレベルまで調整されれば、在庫調整は一巡、景気回復の条件が整う。以上から「在庫残高が減少する」は常にそうなるとは限らず、間違いとなる。

Q15 MBO(経営陣が参加する買収)について正しいのはどれか。

① MBOは投資ファンドなどがかかわることはない。

② MBOに伴い上場廃止になることがあるため、近年ではMBOは行われていない。

③ 迅速な意思決定を達成し、機動的な経営を実現するのが狙いだ。

④ 株主総会などの手続きの簡略化を通じ、短期的な利益を追求するのが狙いだ。

Q16 監査役の役割として、正しいのはどれか。

① 取締役の業務をチェックする。

② 会計士の監査に立ち会い、監査補助者となる。

③ 会社の重要事項について、業務決定を行う。

④ 株主総会において議長を務める。

A ③

MBO（経営陣が参加する買収）に関する問題 MBOはマネジメント・バイ・アウトの略称。経営者や従業員が所属する企業や事業部門を買収して独立することを指す。実際にはファンドなどの資金に頼ることも多い。MBOの目的としては機動的な経営を行うことや、株主の短期的利益の要求から離れて長期的な視野に立った経営を行うことが挙げられる。このため、事業再生や企業再生に使われる。こうした理由のほか、情報開示の手間や配当負担といった上場維持のためのコスト負担を考慮し、MBOを行う会社が増えている。

A ①

監査役の役割に関する問題 会社の業務決定や業務執行は取締役の責任であり、監査役は取締役の職務執行を監督する立場にある。また、公認会計士による会計監査に立ち会い、コミュニケーションをとることはあるが、監査の補助者とはならない。株主総会の議長は、一般に代表取締役が務める。監査役は以前は引退直前の幹部などが就任することが多く名誉職と見なされることもあったが、企業統治（コーポレートガバナンス）への関心が高まる中で、役割が大きくなっている。損失隠しが明らかになったオリンパス事件では、監視の不十分さから監査役の責任が問われた。

Q17 委員会設置会社に関する記述で、適切でないのはどれか。

① 公開会社に義務付けられた新しい企業統治の仕組みである。

② 経営と執行の分離を強化する目的で設けられた。

③ 導入するには、取締役会の中に指名、報酬、監査の３委員会を設置する必要がある。

④ 企業運営の執行の責任者である代表執行役・執行役と、それらを監督する立場にある取締役会の役割分担が明確になっている。

Q18 長期資金の調達に関する説明で間違っているのはどれか。

① 株価が安く、金利も低い状況では社債による資金調達が利用されることが多い。

② 企業は利益が出れば配当しなければならないので、増資による資金調達コストは意外に高いものになる。

③ 株価が高くなると配当を考慮しても増資による資金調達が増える傾向がある。

④ 転換社債（新株引受権付き社債）による資金調達では転換価格の設定や配当制限などの財務制限条項がつけられる例も多い。

A ①

委員会設置会社に関する問題 日本では従来、取締役会と監査役による企業統治の仕組みが取られてきた。だが、取締役会と監査役が形骸化する企業も多く、企業統治のあり方が問題とされるようになった。この問題を解決するために、2001年および02年の商法改正、06年の会社法制定により企業統治の機能強化が図られた。こうした中で米国型の企業統治をモデルとした委員会設置会社の導入が認められたが、あくまでも選択的導入であり、義務化ではない。

A ②

企業の長期資金の調達に関する問題 企業は利益が出れば配当を出すのは普通だが、利益が出ても配当をしなければいけないという法律上の規定はない。もちろん配当政策は株主総会の決議事項なので、株主の意思に反して無配にすることは難しいが、企業が利益を再投資に向けて成長すれば株価も上がり株主に報いることができるという考え方もある。実際に米国のマイクロソフトやグーグルなどは成長の初期段階では利益が出ても配当しなかった。

Q19 損益計算書の説明として正しいのはどれか。

① 売上総利益から「販売費及び一般管理費」を差し引いて営業利益が計算される。

② 受取利息は「販売費及び一般管理費」の中に含められる。

③ 株式の売却益はすべて「営業外収益」の中に含められる。

④「当期純利益」は税金を差し引く前の利益である。

Q20 企業の自己資本比率に関して間違っているのはどれか。

① 企業の成長性を示す指標だ。

② 同業他社との比較が大事だ。

③ 資金の効率を示す指標でもある。

④ 急激な変化を見るために時系列比較も大事である。

A ①

損益計算書に関する問題

●売上高－売上原価＝売上総利益

●売上総利益－販売費及び一般管理費＝営業利益

●営業利益＋営業外収益－営業外費用＝経常利益

●経常利益＋特別利益－特別損失＝税引前当期純利益

●税引前当期純利益－法人税等＝当期純利益

これが損益計算書の基本的な計算プロセスである。受取利息は営業外収益に含まれる。流動資産の部に計上された株式（有価証券）の売却益は営業外収益、固定資産の部に計上された株式（投資有価証券）の売却益は特別利益に含まれる。

A ①

自己資本比率に関する問題 自己資本比率は、株主持分比率ともいわれる。総資産に対する自己資本の比率で、高いほうが、企業の安全性の面では良いとされるが、自己資本のうちの大きな部分を占める資本金は、利益が出れば配当というコストがかかるケースが多い。低金利時代にはこのコストは外部からの借入金より高くなる場合もあるため、資金効率、コストという点から見ると借入金と自己資本をバランスよく使うほうが企業経営上はメリットのあることが多い。

Q21 企業の安全性指標とされる流動比率（流動資産÷流動負債×100）について正しいのはどれか。

① 流動比率は企業の長期的な債務返済能力を示す。

② 流動比率は一般に低い方が望ましい。

③ 売上債権や棚卸資産の回転期間の検討もあわせて行うのが望ましい。

④ 業種・業態の影響を受けにくいので、異業種の企業間比較に向いている。

Q22 総資産利益率（ROA）や自己資本利益率（ROE）の背景にある「経営効率」の説明として、最も適切なのはどれか。

① 有利子負債をできるだけ大きくしようという考え方

② 固定資産の購入資金をできるだけ自己資金で調達しようという考え方

③ 少ない投資でできるだけ多くの利益を稼ぐのが望ましいという考え方

④ 利害関係者のためにできるだけ経費を節約するのが望ましいという考え方

A ③

流動比率に関する問題 短期的な支払義務を示す流動負債に対し、短期的な支払手段となる流動資産をどれだけ保有しているかを比率で示したのが流動比率で、企業の短期的な債務返済能力を示す。この比率が高いほど短期的な債務返済能力が高くなる。売上債権や棚卸資産の回転期間が長くなると流動資産の残高が増加して流動比率も高くなるが、債務の返済能力が十分とはいえない可能性もあるため、回転期間の検討もあわせて行うのが望ましい。売上債権などの回転期間は業種・業態によって異なる結果、流動比率も業種・業態によって異なってくる。

A ③

総資産利益率（ROA）、自己資本利益率（ROE）に関する問題 ROA（Return On Assets）、ROE（Return On Equity）はどちらも分子の「利益」を分母の投資の大きさで除して計算される。分子の利益を大きくするだけでなく、分母の投資（総資産・自己資本）を小さくする「少ない投資で多くの利益を稼ぐ」効率的な経営が望ましいという考え方である。ROAは企業の総資産に対し、どれだけの利益があったのかを表し、利益には様々な利益が使われる。ROEは株主の持ち分である資本をいかに効率的に使って利益を上げているかを示す指標。当期純利益を自己資本で除して計算される。

Q23 損益分岐点比率の説明として間違っているのはどれか。

① 比率が低いほど収益性が高いことを意味する。

② 人件費の削減は比率の改善に寄与する。

③ 原材料費など変動費の増減は損益分岐点比率とは関係しない。

④ 売上高が減少すると比率は上昇する。

Q24 現金の動きを把握するキャッシュフロー計算書は、企業の活動別に3種類の表示区分がされている。その3つに当てはまらないのはどれか。

① 損益活動

② 営業活動

③ 財務活動

④ 投資活動

A ③

損益分岐点に関する問題 損益分岐点とは、企業の収支が均衡し利益がゼロとなる売上高水準をいう。損益分岐点比率は、その売上高に対する比率だ。企業の経費が人件費などの固定費と、原材料費や仕入れ原価などの変動費からなるとすると、損益分岐点売上高＝固定費÷［１－(変動費÷売上高)］と表せる。この式から、損益分岐点を決める要因は「固定費の額」と「売上高変動費比率」であることが分かる。これらの要因に加え、「売上高」自体が損益分岐点比率の変動要因となる。損益分岐点が低いということは、より低い売上高でも利益が出て、収益性が高いことを示す。人件費の削減は固定費の削減であり、損益分岐点の改善（低下）に寄与する。売上高が減少すると、売上高変動費比率は不変でも損益分岐点比率は上昇する。原材料費など変動費の削減は、売上高変動費比率の低下を通じて損益分岐点比率の改善に寄与するので間違い。

A ①

キャッシュフロー計算書(CS)に関する問題 キャッシュフロー計算書は、１会計期間における資金（現金及び現金同等物）の動きである収入と支出（キャッシュフロー）の状況を表したもの。「営業活動によるキャッシュフロー」「投資活動によるキャッシュフロー」「財務活動によるキャッシュフロー」に区分して表示する。現在では、貸借対照表と損益計算書に次ぐ第３の財務諸表として位置付けられている。従来の貸借対照表や損益計算書では分かりにくかった現金の流れを把握することで、短期的な支払い能力を見ることができるようになった。日本では「連結キャッシュフロー計算書等の作成基準」の導入に伴い、上場企業では2000年３月期から作成が義務付けられている。

Q25 国際会計基準（IFRS）をめぐる各国の対応で、間違っているのはどれか。

① 欧州連合（EU）は2005年から域内の上場企業に強制適用している。

② 中国は2006年から強制適用している。

③ 日本では2012年３月期から任意適用が認められる。

④ 米国は2011年５月、５～７年をかけて米国会計基準とIFRSとの差を解消していくとの考えを示した。

Q26 経営管理指標の一つである経済付加価値（EVA）について間違っているのはどれか。EVAの計算式は、税引後営業利益－資本コスト率×投下資本。

① 営業利益の増加に寄与する施策（原価の削減など）を実行すれば、EVAの増加につながる。

② EVAを業績評価指標として用いることで、資産効率を重視した経営を促すことができる。

③ EVAがプラスということは、株主や債権者の期待を上回る超過利益が発生したことを意味する。

④ プラスのEVAは債権者に帰属する利益である。

A　③

国際会計基準（IFRS）に関する問題　正しくは、日本の任意適用は2010年3月期から認められている。IFRSは、国際会計基準審議会（IASB）が作る会計ルールで、新興国などを含めて世界100カ国以上が採用している。世界では、欧州連合（EU）が05年から域内の上場企業に強制適用し、中国では06年から強制適用した。一方、日本では強制適用とするかを12年中に判断する予定だったが、判断を先送りする方向となった。米証券取引委員会（SEC）は2011年5月、米国企業にIFRSをどのように組み入れるかを示す作業計画を公表。これまで15年前後とみられていた導入時期を明示せず、慎重姿勢に転じた。

A　④

経済付加価値（EVA）に関する問題　EVAはEconomic Value Addedの略。計算式（税引後営業利益－資本コスト率×投下資本）より、営業利益が増加すればEVAも増加する。また、投下資本を削減することでもEVAは増加するので、EVAによって資産効率を重視した経営を促すことができる。計算式において資本コスト率×投下資本は株主や債権者が期待するリターンを示す。このため、EVAがプラスということは、彼らの期待を上回る超過利益が発生したことを意味する。なお、この超過利益は、会社の所有者である株主に帰属する利益となる。

Q27 企業に内部統制の強化を義務付ける法律の通称はどれか。

① 日本版ビッグバン

② 日本版SOX法

③ 日本版401K

④ 日本版マスキー法

Q28 企業の経営破綻に関する記述で間違っているのはどれか。

① 会社の経営破綻は、資金繰りの悪化による場合が多い。

② 会社の決算が黒字であれば倒産することはない。

③ 会社が倒産しても、消滅するとは限らない。

④ 上場企業でも経営破綻することがある。

A ②

内部統制制度に関する問題 上場企業と連結子会社の財務諸表の正確性を企業の経営者に義務付ける法規制を指す。米国の大手エネルギー会社であるエンロン社の不正会計事件を機に2001年に作られた不正会計防止を目的とする米国のサーベンス・オクスリー法（SOX法）にならって整備された。単独で日本版SOX法があるわけではなく、2006年6月に成立した「金融商品取引法」の中の企業情報の開示に関する部分に当たる。事業年度ごとに「内部統制報告書」を提出し、監査法人による外部監査も受けなければならない。内部統制に関する虚偽記載や書類の不提出があった場合には刑事罰を科される。

A ②

企業の経営破綻に関する問題 会社の経営破綻は最終的には資金繰りに行き詰まり、会社更生法を申請するなどして実質倒産となるケースが多い。この場合直前まで決算が黒字つまり利益を計上していた例も多いが、これはキャッシュフローつまり現金の不足が原因で、最後の決済ができなくなることによる。このため売り上げなど営業活動によるキャッシュの動きを見る（キャッシュフロー計算書）ことが不可欠となる。商法上は手形による販売でも売り上げに計上できるからだ。企業は破綻しても会社更生法などの適用を受け、再生する場合が多く、破綻したからといって清算などを除き、会社がなくなってしまうとは限らない。

Q29 企業の株価に直接影響がないと思われるのはどれか。

① 売り上げ、利益とも大幅に増えるとの予想を発表した。

② 粉飾決算が明らかになり、金融庁に摘発された。

③ 最近売り出した新商品に欠陥があることが報道された。

④ オーナー会長が紫綬褒章をもらった。

Q30 ある企業の株式が上場廃止になる恐れがあるときに、その事実を投資家に周知徹底して注意を喚起するため特別に銘柄指定する。この銘柄のことを何というか。

① 暫定銘柄

② 臨時銘柄

③ 監理銘柄

④ 整理銘柄

A ④

株価の変動要因に関する問題 株価は基本的にはその会社の利益の増減に連動する。会社は利益が出れば配当をすることが多いが、配当の金額は利益の変動に連動することが多い。一見利益に直接関連のないことでも株価が動くことがあるが、その場合も将来の利益への影響を連想して動いている場合がほとんどだ。ただ、会社トップの叙勲は、会社の利益とは絡まない。株価の急激な変動による不測の被害から投資家を保護する目的で、株価が１日に変動できる範囲は制限されており、これを「値幅制限」という。

A ③

監理銘柄に関する問題 監理銘柄は上場企業が証券取引所の定める上場廃止基準に該当する恐れがあるときに、株主にその事実を知らせ、対応措置をとることができるようにするための猶予期間としての位置付けだ。監理銘柄に指定されても売買が停止されるわけではない。上場廃止の審査期間は「監理銘柄（審査中）」、廃止基準抵触への確認期間は「監理銘柄（確認中）」と指定され、問題なければ監理銘柄を解除される。上場廃止が決まると「整理銘柄」に指定される。

Q31

ストックオプションの付与について間違っているのはどれか。

① 権利行使時の株価が権利行使価格を上回っていれば、その差額分が利益となる。

② 付与された者は、株価の下落局面でも権利行使しなければならない。

③ 従業員や経営幹部のモチベーションを上げるために行われる。

④ 賞与と比べ、会社が資金を負担せずに付与された者が利得を得られる。

Q32

日経平均株価とニューヨークダウ工業株30種平均は連動性が高いといわれているが、その理由で間違っているのはどれか。

① 東京証券取引所の取引参加者の多くが外国の機関投資家なので、米国市場の動きに左右される度合いが大きい。

② 米国は世界最大の経済大国なので、世界経済に与える影響は大きく、株価も世界をリードする傾向がある。

③ 日本の機関投資家の間では米国の投資家に追随して動けば間違いないという考え方がある。

④ 東京証券取引所の上場企業の多くがニューヨーク株式市場にも上場しており、株価が日米で同じ動きをする。

A ②

ストックオプションに関する問題 ストックオプションは、企業が従業員や経営幹部に自社の株式をあらかじめ決めた価格（権利行使価格）で購入できる権利を付与するものである。ストックオプションを付与された者は、権利を行使して株式を購入してもよいし、権利を行使せずに放棄してもよい。例えば、株式１株を100円で購入する権利を与えられたとしよう。実際の株価は150円になれば、権利を行使し、100円を払うだけで150円の価値がある株式を手に入れることができる。つまり権利行使価格（100円）と実際の株価（150円）の差額だけ得をすることになる。一方で、株価が70円になれば、権利を行使すると30円損をしてしまうので、権利を放棄することになる。権利を付与された者は「得をすることはあっても損をすることはない」ため、従業員や経営幹部のモチベーションを上げるのに役立つ。会社側としても、給与や賞与とは異なり、資金を支払わずに従業員や経営幹部に利得をもたらすことができるため、メリットがある。

A ④

ニューヨーク株式市場に関する問題 ニューヨーク株式市場は世界最大の株式市場で、米国は経済的、軍事・政治的に世界最大の影響力を持つ。このため世界各国の株式市場は、ニューヨーク株式市場の動きに一喜一憂する。したがって、同市場との株価の連動性は高い。中でも東京株式市場の出来高の60％は外国人による取引のため、株価の方向性は同じことが多い。ただ、ニューヨーク株式市場にも上場している日本株は少なく、ダウ工業株30種平均に採用されている銘柄はゼロなので、④は間違いである。

Q33 日本でのモーダルシフトの効果として、適切でないのはどれか。

① 交通渋滞の緩和

② 省エネ効果

③ 経費削減

④ 作業効率化

Q34 生産現場などで問題が発生したときの解決方法として大切だとされる「三現主義」に含まれないのはどれか。

① 現場

② 現実

③ 現金

④ 現物

A ④

モーダルシフトに関する問題 モーダルシフトとは、モノや人の輸送手段を航空機やトラック、乗用車から鉄道や船に切り替えて、環境負荷の低減に役立てる動きを指す。日本では輸送部門では大半をトラック輸送が占めるため、輸送手段を鉄道や船に切り替えることにより、二酸化炭素（CO_2）排出量の抑制や交通渋滞の緩和、コスト削減に効果がある。しかし、荷物の積み替え作業の手間が発生するという問題点があるため、作業効率化にはつながらない。

A ③

三現主義に関する問題 三現主義とは「現場」「現物」「現実」という３つの「現」を大切にしようとする考え方。特に製造業で重要視されている。工場などの生産過程で不良品が発見されたときに、責任者が状況報告だけで判断すると、誤った指示を出したり、原因が解明できないことが起こりがちである。そのため、きちんと現場を見て不良品（現物）を確認し、状況（現実）を的確に把握したうえで判断を下して、生産を改善するべきという考え方だ。この考え方は製造業だけではなく、マーケティング、広告、営業、さらに経営判断に至るまで、あらゆる業種で当てはまる。

Q35 「かんばん方式」と呼ばれる生産管理方式を確立した企業はどれか。

① パナソニック

② 新日本製鉄

③ トヨタ自動車

④ 花王

Q36 セル生産方式についての記述で、間違っているのはどれか。

① 別名「1人屋台方式」とも呼ばれている。

② ライン生産方式より、担当の受け持ち範囲は広い。

③ 多品種少量生産や在庫の圧縮に向いている。

④ 生産の質や量は作業者のスキルには依存しない。

A ③

かんばん方式に関する問題 かんばん方式とは、トヨタ自動車がムリ・ムダ・ムラを排除するため「ジャストインタイム」に生産することを目指して確立した生産管理方式。「必要なものを必要なときに必要な量だけ作る」ことを基本理念とし、部品の在庫をできるだけ持たないことを理想とする。経営効率は高まるが、一方で部品の供給元の工場でトラブルが発生し供給が止まると、生産全体がストップしてしまうなどの問題もある。

A ④

セル生産方式に関する問題 セル生産方式とは、多くの人手をかけて複数のラインで大量に生産する方式と違って、一つのラインに１人から数人を割り当てて少人数で効率よく生産する方式。１人の受け持ち分が大きくなり作業者のやる気を高めて創意工夫を促しやすくなる。生産品目を変えやすく多品種少量生産に向いているほか、作業に必要な時間を短くできるため在庫を圧縮できる。ラインのように一直線ではなく、コの字型の作業台を使うことも多く、特に１人で作業するセル生産方式は別名「１人屋台方式」とも呼ばれている。そのため、製品の質や量は作業する担当者のスキルに依存することになる。

Q37 次の国際商品価格指標のうち、一つだけ取引の対象が異なる指標はどれか。

① 中東産ドバイ

② LME価格

③ WTI（ウエスト・テキサス・インターミディエート）

④ 北海ブレント

Q38 知的財産の保護に関する説明で正しいのはどれか。

① デザインは商標法により、出願日から10年保護される。

② マーク、目印は意匠法により、出願日から20年保護される。

③ 文学、音楽など著作物は著作権法により、出願・登録された日から50年保護される。

④ 顧客名簿や社外秘の製造技術などの営業秘密は、特に出願しなくとも不正競争防止法により保護される。

A ②

国際商品価格指標に関する問題 国際原油市場において、中東産ドバイ、ニューヨーク・マーカンタイル取引所（NYMEX）のWTI（ウエスト・テキサス・インターミディエート）、北海ブレントが、指標原油としての役割を果たしている。指標原油とは、取引の際に価格決定の基準となる原油の種類である。ドバイ原油は中東のドバイおよびオマーン産の価格指標で主にアジア市場での取引の基準となっている。WTIは、NYMEXで取引される油種の先物価格で、取引が大きいことなどから他市場への影響力が大きい。北海ブレントは、北海で生産される原油で、ロンドン国際石油取引所（IPE）における先物価格が指標となっている。LME価格のLMEとはLondon Metal Exchange（ロンドン金属取引所）のことで、そこで取引される銅や亜鉛などの非鉄金属の価格が国際指標となっている。

A ④

知的財産の保護に関する問題 著作物や新技術を保護するために定められている法律は、知的財産の種類によって出願・登録が必要な場合と不要な場合がある。「デザイン」や「マーク、目印」は出願・登録が必要で、それぞれ出願から20年間、10年間保護されるが、デザインは意匠法によって、マーク、目印は商標法によって保護される。また著作物は、特に出願・登録なしで保護されるので、①②③はいずれも間違い。営業秘密は、公開せずに営業秘密として管理していれば保護されると不正競争防止法に規定されている。

Q39 2010年4月に施行された「改正労働基準法」で改正された点として間違っているのはどれか。

① 週単位年休制度の創設

② 限度時間を超える時間外労働の労使による削減

③ 代替休暇制度の創設

④ 法定割増賃金率の引き上げ

Q40 労働法で企業が経営を立て直すために行う人員整理を整理解雇という。次のうち整理解雇の要件を満たしていないのはどれか。

① 会社存続のために人員解雇は、緊急的に必要不可欠であった。

② 従業員解雇の一方で、将来に備え数人の新卒を採用した。

③ 解雇の対象者は、営業成績などの勤務成績や勤続年数などを基準に選んだ。

④ 従業員や労働組合に企業の状況を詳しく説明して、整理解雇を納得してもらった。

A ①

改正労働基準法に関する問題 長時間労働を抑制し、労働者の健康確保と仕事と生活の調和を図ることを目的とした改正労働基準法では、労使協定により１年に５日分を限度として年次有給休暇を時間単位で取得できるようになった。１カ月60時間を超える時間外労働については、法定割増賃金率が現行の25％以上から50％以上に引き上げられた。代替休暇制度は、労使協定により改正法による法定割増賃金率の引き上げ分の割増賃金の支払いに代えて、有給休暇を付与することが可能になる制度。

A ②

整理解雇に関する問題 労働法では、使用者が経営難などの理由で人員整理する解雇を整理解雇という。整理解雇をする場合、一般的には「整理解雇の必要性」「解雇回避の努力」「整理基準と人選の合理性」「労働者との協議」の４つの要件を満たしていることが必要となる。選択肢の②は、新卒採用を行っていることから「解雇回避の努力」を怠っていることになる。「解雇回避の努力」とは、新卒・中途採用の中止はもちろんのこと、役職手当のカットや希望退職者の募集、一時帰休の実施、関連会社への出向など会社ができる限り解雇回避のための努力をすることだ。また、４つの要件を満たせばすぐに整理解雇をできるわけではなく、従業員に少なくとも解雇実施日の30日前に予告をするか、30日より短い場合は退職金などのほかに「解雇予告手当」を支払わなければならない。

練習問題 Ⅱ

実践知識

Knowledge

Q1

日本企業が海外での設備投資の狙いとして、最も重視しているのはどれか（データは日本政策投資銀行の「2011年7月企業行動に関する意識調査」）。

① 現地需要への対応

② 人件費の安さ

③ 拠点分散

④ 為替リスクの回避

Q2

世界の航空機需要に関する記述で不適切なのはどれか。

① 中国やインドなど新興国で国内線向け需要が伸びる。

② 日本には航空機メーカーがほとんどないため、需要拡大の恩恵を受けにくい。

③ 航空機の買い手として存在感を高めているのは格安航空会社である。

④ 燃費の良い機種への引き合いが増えている。

A ①

海外設備投資に関する問題　日本政策投資銀行「2011年7月企業行動に関する意識調査」では、「海外で設備投資を行うインセンティブ」(複数回答)を聞いている。それによると、あらゆる業種、対象地域で、回答の1位は「現地需要への対応」で、全産業ベースで70.2%を占める。2位は「人件費の安さ」(25.8%)で、以下は「拠点分散」「その他」「現地政府の優遇政策・低税率」「為替リスク回避」などが続く。日本国内の需要低迷、新興国の成長を背景に、需要開拓の海外投資が圧倒的に多い。

A ②

世界の航空機需要に関する問題　米ボーイングの最新鋭機「787」が2011年9月末に世界で初めて全日本空輸に納入された。787は“準国産”といわれるほど、日本企業が生産にかかわっている。主翼や胴体のかなりの部分を三菱重工業や川崎重工業、富士重工業が担当している。エンジン部品もIHIが供給しており、航空機用のキッチンやトイレはジャムコが独占供給している。世界の航空機需要は拡大が見込まれている。中国やインドをはじめとする新興国で国民の所得水準が高まり、都市間を移動する人が増えるからだ。こうした状況を背景に、アジアの格安航空会社が積極的に航空機を購入している。格安航空会社は料金をできるだけ安くするため、燃費の良い機種を求めている。原油価格は中長期的には上昇するとの見方が根強いこともこうした動きを後押ししている。航空機の燃費を改善するための有力な手法としては、機体を軽くすることが挙げられる。東レは金属よりも軽く、しかも丈夫な炭素繊維複合材料を使うように航空機メーカーに提案しており、三菱重工や川崎重工、IHIは燃費の良いエンジンの開発に取り組んでいる。

Q3

日本企業が世界シェア1位（2010年）ではない製品はどれか。

① 自動車

② ビデオカメラ

③ プラズマパネル

④ インクジェットプリンター

Q4

新日本製鉄と住友金属工業が合併に向けた交渉を始めた。両社の決断の背景としてふさわしくないのはどれか。

① 新興国市場の拡大

② 国内鉄鋼需要の拡大

③ 鉄鉱石、原料炭価格の上昇と権益確保競争の激化

④ 世界最大手との規模の格差

A ④

日本企業の世界シェアに関する問題 日本経済新聞社がまとめた2010年の「主要商品・サービスシェア調査」によると、32品目の世界シェアでは日本企業が09年より1つ多い10品目で首位に立った。問題の4つのうちでは、自動車（トヨタ）、ビデオカメラ（ソニー）、プラズマパネル（パナソニック）の3品目で日本企業がトップ。インクジェットプリンターでは米国のヒューレット・パッカードが首位。2位がキヤノン、3位がセイコーエプソンとなっている。

A ②

鉄鋼業界の再編に関する問題 新日本製鉄と住友金属工業は2011年2月、合併に向けた検討を始めたと発表した。世界最大手のアルセロール・ミタル（ルクセンブルク）などに規模・収益力で大きな差をつけられており、合併により規模拡大（世界2位に浮上）を狙う。需要が急拡大する新興国市場に進出し、現地生産するための事業基盤を強化する。鉄鉱石・石炭など原料価格の上昇で資源獲得競争が激化。発言力を増している資源メジャーに対抗する交渉力も確保する狙いとみられる。一方、内需は減少傾向が続いており、「国内鉄鋼需要の拡大」は間違いだ。新日鉄と住金は12年10月に合併する予定。

Q5

金利の低下が経営にマイナスに働きやすいと考えられるのはどれか。

① 三井不動産

② 東芝

③ 第一生命保険

④ ソフトバンク

Q6

アジアの代表的な企業の成長戦略として最も不適切なのはどれか。

① 中国のパソコンメーカー、レノボはM＆A（合併・買収）をテコに海外事業を拡大してきた。

② 韓国の現代自動車グループは自動車事業に経営資源を集中し、短期間に世界有数のメーカーとなった。

③ 中国の通信機器メーカー、華為技術は新興国で事業を拡大し、欧米進出の足がかりとした。

④ 韓国のサムスン電子は不況時に大型の設備投資を実施し、好景気になると大量生産を実現、国際競争で優位に立った。

A ③

金利低下の影響に関する問題 金利の低下局面でも金利変動が企業に与える影響は様々だが、金利の低下はおおむね資金調達側にはプラスに、資金運用側にはマイナスに働きやすい。生命保険会社のような機関投資家は、金利の低下によって運用環境が悪化すると収益を圧迫される。バブル崩壊後の金利低下は、実際の運用利回りが予定利率を下回る「逆ざや」状態を導き、日本の生保の経営状況は悪化した。一方、金利の低下は、有利子負債の多い企業の金利負担を軽減し、経常利益を下支えする。例えば、東芝やソフトバンク、三井不動産は有利子負債が比較的大きい。また銀行にとっても、金利調達コストが下がることになるので、経営にはプラスに働く。日銀の低金利政策は1990年代後半の金融危機の中で銀行経営を支える意味合いがあった。

A ②

アジアの成長企業に関する問題 レノボは2005年に米IBMのパソコン部門買収以降、M&Aを相次ぎ実行してきた。NECとパソコン部門で合弁会社を設立した。現代自動車は旧現代財閥の自動車部門。財閥解体で独立した企業グループになったが、自動車以外への事業多角化にも熱心だ。グループの現代製鉄は相次いで高炉を建設しており、世界の有力鉄鋼メーカーの仲間入りをしようとしている。ゼネコンの現代建設も買収。自動車鋼板には良質の鋼板が必要であり、建設には鋼材が欠かせない。多角化は事業の相乗効果を狙った面もある。中国の華為技術は毛沢東の革命戦略「農村から都市を包囲する」にならい、まず新興国に通信機器や携帯端末を販売して急成長した。新興国で力を蓄え、〝都市部〟に当たる欧州や日本での拡販に乗り出している。

Q7

急成長している日本のソーシャルゲーム各社が新たなゲーム開発拠点として開拓しているのはどれか。

① 新興国

② 米国

③ 地方都市

④ 大学

Q8

次の組み合わせで異質なのはどれか。

① ブラックベリー —— リサーチ・イン・モーション（RIM）

② iPhone（アイフォーン）—— アップル

③ ギャラクシー —— サムスン電子

④ アンドロイド —— グーグル

A ③

ソーシャルゲームに関する問題 携帯電話やスマートフォン（高機能携帯電話）で遊ぶソーシャルゲームを開発するベンチャー企業が相次いで地方に拠点を新設している。ソーシャルゲーム市場は2014年に10年比で倍増の約2500億円まで拡大する見通し。急成長に伴って、首都圏での技術者確保が難しくなっている。KLabは2011年夏から大阪と福岡での勤務を希望する技術者の採用を本格的に開始した。クルーズは2012年初頭に地方都市に拠点を新設する。ソーシャルゲームでは開発会社１社で１～２カ月に１本の新作を出すことも珍しくない。新作の開発・発売スピードがものをいうため、海外のソフト会社に業務を委託しにくいという。

A ④

スマートフォン（高機能携帯電話）に関する問題 2011年に大きく伸びた商品の一つがスマートフォンだ。発売当初はマイナーな存在だったが、12年は出荷台数で従来型携帯電話を逆転するとみられている。スマートフォンで欧米のビジネスパーソンから最初に人気を得たのが、カナダのリサーチ・イン・モーション（RIM）のブラックベリーだ。その後、米アップルのiPhone（アイフォーン）がヒットした。現在は基本ソフト（OS）に米グーグルが開発したアンドロイドを搭載したスマートフォンが大きく伸びている。韓国サムスン電子のギャラクシーはアンドロイドOS搭載端末の1機種だ。異質な組み合わせの選択肢はOS＝アンドロイドと開発企業＝グーグルの④。ほかは端末機種名とメーカー名の組み合わせだ。

Q9

インターネットビジネスの収益モデルの観点から、ほかと異なるのはどれか。

① 楽天
② アマゾン・ドット・コム
③ グリー
④ ケンコーコム

Q10

次の特徴がある金融機関はどれか。

・顧客満足度が高い
・シングルマザー応援ローンなど女性向け商品が充実
・大型車輌にATMを積んだ移動店舗の展開

① 三菱東京UFJ銀行
② 大垣共立銀行
③ セブン銀行
④ グラミン銀行

A ③

インターネットビジネスの収益モデルに関する問題 グリーは利用者が交流しながら楽しめるソーシャルゲームを運営する交流サイト（SNS）大手。携帯電話向けに無料ゲームを提供して集客し、ゲームをより楽しめるようになるアイテムを有料で販売する「アイテム課金」の手法で急速に成長。2011年4月には米SNS大手を買収し、海外展開の布石を打った。ゲームの開発・配信基盤の共通化を世界で推進する方針だ。ライバルのディー・エヌ・エーもアイテム課金の手法で成長。2011年秋にプロ野球球団、横浜ベイスターズを買収した。楽天、アマゾン・ドット・コム、ケンコーコムは物販が主体で、サービス提供のグリーとは収益モデルが異なる。

A ②

金融機関の経営に関する問題 日本経済新聞社が3大都市圏の個人を対象に実施した第8回日経金融機関ランキングで、大垣共立銀行はインターネット専業のソニー銀行、住信SBIネット銀行などに続き5位に入った。同行の特徴は顧客目線に徹したサービス改革にある。離婚ローン、シングルマザー応援ローンなど目的や顧客を絞り込んだユニークな商品の開発に熱心だ。「全国初」の冠がつくサービスも目立つ。地盤とする岐阜県、中でも北部の飛騨地方は自動車を使わないと買い物も容易ではない。そのためいち早く大型車輌を活用した移動店舗を導入した。2009年にはコンビニエンスストア風の入りやすい店舗を愛知県半田市に開設した。

Q11

文具メーカー、キングジムの近年の商品開発方針を示すキーワードとして最も不適切なのはどれか。

① 格安路線

② 機能絞り込み

③ ニッチ（すき間）市場開拓

④ ヘビーユーザー

Q12

次の説明にすべて当てはまる専門店ビルはどれか。

・若い女性向けファッションブランドを中心に売り場を構成する。
・運営会社は鉄道系である。
・東京・有楽町の百貨店退店跡に2011年秋出店した。
・東京の新宿、池袋、渋谷と埼玉県の大宮、いずれの街にも店舗を出店している。

① ロフト

② パルコ

③ ルミネ

④ 109

A ①

文具メーカーの商品開発に関する問題 キングジムの近年のヒット商品を代表するのが「ポメラ」だ。折りたたんだサイズは文庫本程度。開くと、両手での打ち込みがしやすいサイズのキーボードが現れる。ネットの閲覧はできない。メールの機能もない。ただ単に、テキストを打ち込むマシンだ。ただ、電源を入れると２秒で起動する。「すき間時間にまとまった文章を打ち込みたい」という極めて限定されたニーズをとらえヒット商品になった。電子手書きメモ「マメモ」、マスキングテープに印字できる「co-haru」。最近の同社にはこうしたニッチ（すき間）市場のニーズを狙った商品が多く、顧客の評価を獲得している。どれも単に安いとは言い難い。「絞り込み」により付加価値を高め、特定顧客の支持を獲得している。

A ③

ルミネに関する問題 カジュアルファッションの人気を背景に、ファッション小売りの主役が百貨店から専門店に移って久しい。そごう・西武などが出資する全国展開の雑貨専門店「ロフト」以外の３つは、主に女性ファッションブランドを集積する専門店ビルだ。「パルコ」は旧セゾングループでファッション専門店ビルを全国展開し、現在はＪ・フロントリテイリングが筆頭株主。東京急行電鉄系の東急モールズデベロップメントが運営する「109」は東京・渋谷の「SHIBUYA109」などを展開する。「ルミネ」は東日本旅客鉄道（JR東日本）子会社が東京都、埼玉、神奈川各県の駅ビルを中心に展開する専門店ビルで、渋谷にはメンズ中心の「ルミネマン渋谷店」を出店している。2011年秋、閉店した東京・有楽町の西武有楽町店跡に出店した。

Q13 「アメーバ経営」と呼ばれる経営手法の説明で最も適切なのはどれか。

① 会社の仕事を常に2人一組で行うようにする。

② キヤノンの会長兼社長である御手洗冨士夫氏が提唱した。

③ 時間当たりの生産性を重視する。

④ トップダウン方式での仕事を意識して行う。

Q14 最近の介護食をめぐる特徴でないのはどれか。

① 大手メーカーが開発を強化している。

② 高齢化で市場は急成長している。

③ 個人への普及を狙い値下げするメーカーもある。

④ 味は二の次で栄養を優先している。

A ③

アメーバ経営に関する問題 組織を10人前後の「アメーバ」と呼ばれる小集団に分け、時間当たりの生産性を重視する部門別採算管理制度。京セラ名誉会長の稲盛和夫氏が提唱した。時間当たりの生産性を重視することにより、社員一人ひとりの経営者意識を高める狙いがある。2010年2月に稲盛氏が日本航空の会長に就任したことにより、日航再建の鍵として改めて注目された。稲盛氏は収益回復に一定のめどをつけ、12年2月取締役名誉会長に就任した。

A ④

介護食に関する問題 大手食品メーカーが、かむ力が弱い高齢者や介護が必要な消費者への食材提供を拡大している。ハウス食品は低たんぱく質食品を腎臓病患者向けに発売。日本水産は形はそのままで軟らかくした魚の煮付けなどで病院向けを開拓する。いずれも本格的な風味や食感で従来品との違いを打ち出す。高齢化の進展で介護食市場は1000億円規模に拡大しており、需要の取り込みを急ぐ。キユーピーは家庭用の高齢者向け介護食「やさしい献立」の拡販を狙い、2011年9月に全49品中20品をそれぞれ1割値下げした。スーパーやドラッグストアなどで個人客に売り込む。

Q15

次の文章は、国内の衣料専門店の動向を説明したものである。A～Dに当てはまる言葉の組み合わせはどれか。

「近年、『ユニクロ』や『洋服の青山』などの衣料専門店が、（A）に（B）店舗を出店するケースが目立っている。この要因としては、（C）により採算がとりやすくなったことや（D）が考えられる」

① A＝都市部　B＝セレクトショップ型　C＝コラボレーション　D＝百貨店や駅ビルへの対抗

② A＝都市部　B＝大型　C＝賃料の低下　D＝外資勢への対抗

③ A＝都市近郊　B＝大型　C＝賃料の低下　D＝ファミリー層の取り込み

④ A＝都市近郊　B＝デザイナーズブランド型　C＝タイアップ　D＝女性客の取り込み

Q16

苦境が目立つファミリーレストランの中で近年、急成長を遂げたサイゼリヤの強みで、間違っているのはどれか。

① 厨房は1人でも切り盛りできるまで効率化し、基本的に包丁も火も使わない。

② 野菜の鮮度を保つため、工場から輸送、調理の際の水まで同じ温度で統一している。

③ 手厚いサービスを実現するために、アルバイトの教育期間は他社より長い。

④ 物流を効率化するため、輸送車のエンジンのかけ方から教育する。

A ②

衣料専門店の出店戦略に関する問題 2010年後半から、衣料専門店が、都心部で売り場面積1000平方メートル規模の大型店の出店を増加させている。紳士服専門店「洋服の青山」を展開する青山商事は2010年、東京・渋谷と銀座に相次いで大型店を出店した。賃料低下で採算がとりやすくなったことに加えて、「ヘネス・アンド・モーリッツ（H&M）」「フォーエバー21」など外資勢に対抗する狙いがあると考えられる。衣料専門店以外でも、都心部の賃料低下を背景に郊外から出店をシフトする小売業が増えている。

A ③

サイゼリヤに関する問題 低価格メニューにもかかわらずサイゼリヤが利益を生み出せるのは、徹底した効率化にある。調理工程のほとんどはカミッサリーと呼ばれる食品加工工場で行い、店舗に輸送。厨房での作業は最後の仕上げだけになるので、客が多くてもほぼ1人で対応できる。また、工場から輸送、厨房の水の温度までを、鮮度の維持に最適な温度に設定。効率的な物流のために、農場へトラックが入れる道を造ったり、無駄のないエンジンのかけ方について講習を行う。厨房では基本的に火を使った調理を行っておらず、注文や調理工程などをシステム化しているため、アルバイトの研修は短期間で済んでいる。

Q17 円高が進行しているときの企業の戦略として不適切なのはどれか。

① 輸出と輸入のバランスをとり、為替差損益を均衡させる。

② 外国為替証拠金（FX）取引で、外貨建て部分の為替をヘッジする。

③ 輸出のコストを下げるために、輸入部品の割合を上げる。

④ 国内生産の比率を下げて、海外生産の比率を上げる。

Q18 生産が増減した場合の所定外労働に対する企業の対応は、一般的には次のどれが実態に近いか。

① 最近の企業は、所定外労働は極力抑制し、非正規労働を中心とした雇用者数の増減による対応を優先する。

② 所定外労働の調整は最も迅速な対応が可能であり、通常は雇用に手をつける前に、まず所定外労働が増減する。

③ 現状、所定外労働は規制され、景気変動に対応した増減の余地はない。

④ 所定外労働時間は景気変動に関わりなく増加する傾向があり、雇用者の削減を補っている。

A　②

企業の円高対策に関する問題　為替差損益をどうやって企業戦略の中で平準化するかは、重要な課題。選択肢①③④はビジネス戦略の中で、国内外の為替の絡む仕事を平均化することで、為替変動の影響を最小にしようとする試みだ。日本の企業の間では多く採用されている。為替取引によるヘッジの方法では先物取引が多く採用されているが、外国為替証拠金（FX）取引は損をしたときのリスクが大きいため、主として個人の利用が多く、企業の為替対策としては一般的ではない。

A　②

所定外労働への企業の対応に関する問題　残業時間の増減による雇用調整は、企業にとって雇用者の人数に手をつけなくてもよいので最も迅速で容易な手段であることは以前も今も変わりがない。厚生労働省「毎月勤労統計」で所定外労働時間を見ても、リーマン・ショック後、大幅に減少し、最近は急速に回復している。マクロ経済的には所定外労働時間数は鉱工業生産にほぼ連動する。したがって選択肢②が正解。確かにリーマン・ショック後、企業は経費抑制のため残業を制限するところが多かったが、雇用者数の調整を優先したわけではない。トヨタ自動車も2010年９月にそれまで「原則禁止」としてきた残業の制限を撤廃した。とはいえ、長時間労働につながる残業を減らすという取り組みは続いており、残業時間はトレンドとしては減少している。

Q19 環太平洋経済連携協定（TPP）についての記述で間違っているのはどれか。

① 参加すると日本の農業も市場を開放しなければならないので、反対論も強い。

② 参加すると貿易投資が拡大、国内総生産（GDP）の押し上げが見込める。

③ シンガポール、ニュージーランド、チリ、ブルネイの4カ国が結んだ広域な自由貿易協定が発端である。

④ 中国が主導しており、米国はむしろ反対である。

Q20 日本が経済連携協定（EPA）を結んでいる国・地域はどれか。

① インド

② 米国

③ 欧州連合（EU）

④ オーストラリア

A ④

環太平洋経済連携協定（TPP）に関する問題 TPPはTrans Pacific Partnershipの略。シンガポール、ニュージーランド、チリ、ブルネイの4カ国が結んだ広域的自由貿易協定が発端でこれに米国、オーストラリア、韓国などが加わり、9カ国が交渉に参加している（2012年1月現在）。日本も野田佳彦首相が交渉参加の意向を表明した。広範な貿易自由化の対象に農業品も含まれることから、国内の農業関係者、農水省、農水関係議員らが反対、自由化で恩恵を受ける産業界と対立している。

A ①

経済連携協定（EPA）に関する問題 自由貿易協定（FTA）は特定の国・地域との間で関税などの貿易障壁を削減・撤廃すること、EPAはそれを含め人の移動や投資ルールの整備、知的財産の保護なども進め、経済の幅広い分野での連携を目指す協定だ。EPAはEconomic Partnership Agreementの略。世界貿易機関（WTO）における多国間の自由化交渉に比べると合意形成がしやすく、各国による取り組みが進んでいる。日本は、すでにインド、東南アジア諸国連合（ASEAN）、メキシコ、チリなどとEPAを発効済み。韓国やオーストラリアとは交渉中である。

Q21

レアメタル（希少金属）には特定の製品に不可欠なものがある。金属名と製品の組み合わせで、間違っているのはどれか。

① リチウム＝携帯電話などの小型２次電池

② ガリウム＝発光ダイオード

③ インジウム＝液晶テレビ用透明電極

④ 白金＝超硬工具

Q22

高めの法人税率を維持した場合、行く末にイメージされる経済の姿はどれか。

① 重税国家

② 産業の空洞化

③ 内需主導型成長

④ 企業から家計へ

A ④

レアメタル(希少金属)に関する問題 レアメタルとは、埋蔵量が少なかったり、コストや技術的な面から製錬するのが難しかったりする金属を指す。独立行政法人の石油天然ガス・金属鉱物資源機構(JOGMEC)は、31種の金属を希少金属に分類している。従来から超硬工具の材料としてタングステンなどが使われてきたが、最近はデジタル家電やハイテク機器の材料の一部として希少金属への需要が拡大している。例えば、携帯電話やノート型パソコンなどを動かすリチウムイオン電池にはリチウム、コバルト、日本の世界的な発明として話題となった青色発光ダイオードにはガリウムが、またテレビなどの液晶用の透明電極にはインジウムとスズの合金が使われている。2009年度からは、ガリウムとインジウムが、安定的供給の必要性から国家備蓄の対象に新たに加えられた。白金(プラチナ)は希少金属の一つだが、主な工業用の用途は自動車の排ガス機器の触媒で、最近では磁性体や2次電池の材料としても注目されている。

A ②

法人税率引き下げに関する問題 成長戦略としての法人税率引き下げの議論は、わが国の税率が国際的に高く、企業の国際競争力上不利に働き、企業の海外移転を助長する要因になっているという認識から発している。その理屈からいうと、このまま高い税率を放置すると、企業が国内から逃げ出し、国内産業が「空洞化」することになる。「重税国家」かどうかは、所得税や消費税を含めてトータルの税負担の動向から決まる。「内需主導型成長」は、法人税率と直接的に関係しない。「企業から家計へ」は、企業の税負担を高め家計に還元する政策を徹底すれば方向が見えてくるが、国際的に高めの法人税率の維持だけではつながらない。

Q23 「ソブリンリスク」についての説明で正しいのはどれか。

① 当該政府の発行する国債のデフォルト（債務不履行）の確率のこと。

② 当該国の経済が不安定なことで、カントリーリスクと同義語である。

③ 当該政府の破綻の危険性のことだが、これまで世界でその国の国債がデフォルトしたことはなく、むしろ心理的な問題である。

④ その国の政権の基盤が不安定で、政府の政策が頻繁に変わる危険がある。

Q24 欧州債務危機で注目を浴びたPIIGSと呼ばれる５カ国に含まれない国はどれか。

① スペイン

② ギリシャ

③ イタリア

④ スウェーデン

A ①

ソブリンリスクに関する問題 ソブリン（政府債務）リスクとは、その国が発行した国債が規定通り償還されるかどうかのこと。カントリーリスクはもっと広い意味で、その国の法制度や商慣習、地政学上のリスクなどその国に投資したりビジネスをする場合のリスクのことを指す。かつてアルゼンチンなど南米の国で、国債が償還不能になったことがあり、そのときもソブリンリスクが話題になった。また、政権交代など政治の変化などのリスクはカントリーリスクに含まれる。

A ④

PIIGSに関する問題 欧州では一部の国で国債の償還が危ぶまれるいわゆるソブリン（政府債務）危機が話題になっている。そのきっかけとなったのがPIIGSと呼ばれる国々で、ポルトガル、イタリア、アイルランド、ギリシャ、スペインの５カ国である。程度の差はあるがいずれの国もリーマン・ショックをきっかけとした世界の金融危機の際に多額の財政支出をして国の借金が積み上がったことが大きな原因だ。スウェーデンはEU加盟国だがユーロには入っていない。

Q25 国家によるデフォルト（債務不履行）を経験していない国はどれか。

① ロシア

② アルゼンチン

③ トルコ

④ アイルランド

Q26 ヘッジファンドの説明で最も適切なのはどれか。

①「マーケット価格のゆがみ」を見つけ、多角的に投資をして収益を投資家に還元するファンド

② 中国や産油国などが豊富な外貨を使って他国の株式や債券などに投資をするために設立したファンド

③ 米国の年金基金などの機関投資家が国際分散投資をするために特別に作ったファンド

④ ユーロ市場の危機を回避するために欧州各国が資金を出し合って作った特別なファンド

A ④

デフォルト(債務不履行)に関する問題 デフォルトとは金融や格付けの用語で借入金の返済ができなくなった状態を指し、債務不履行と訳される。一般には国の財政難や企業の経営破綻などを理由に公社債の利払いが遅れたり、元本の償還が不可能になったりする場合に使われる。ロシアは1998年のいわゆるロシア危機で対外債務を90日間支払い停止した。アルゼンチンは2001年公的対外債務の支払い停止を宣言、これ以前にもデフォルトの経験がある。トルコのデフォルトは1978年で、経済協力開発機構(OECD)加盟国では唯一。アイルランドはリーマン・ショック後、経営難の銀行のデフォルトは起きているが、国家デフォルトではない。

A ①

ヘッジファンドに関する問題 国際的に投資家から資金を集め、世界各国の市場の価格の不均衡である「ゆがみ」を見つけては投資し、リターンを還元するファンド。まとまった規模の資金を株式や債券、商品などで運用する。買いだけでなく、空売りも多用、レバレッジ(借入金)を効かせて自前の資金量より大きな取引をするのも特徴の一つだ。中国などが政府資金を使って作ったファンドは政府系ファンド(SWF＝ソブリン・ウエルス・ファンド)と呼ばれ別物である。

Q27 人民元の切り上げが与える影響として、間違っているのはどれか。

① 中国から日本への観光客が増える。

② 中国へ輸出している日本企業が恩恵を受ける。

③ 中国からの輸入品が値下がりする。

④ 中国に生産拠点を置く企業はコストが上昇する。

Q28 2011年3月の東日本大震災で注目されたサプライチェーン（供給網）の問題とは関係のない記述はどれか。

① ルネサスエレクトロニクスの那珂工場の生産停止で、世界中の自動車・電機メーカーが影響を受けた。

② 被災工場の中には世界的シェアを持つ企業もあるなど東北地方と世界の結びつきが改めて認識された。

③ 原油の精製基地としての東北地方の重要性が浮き彫りになった。

④ 震災発生から半年後には、現場の努力で大部分が復旧されるめどが立った。

A ③

人民元の切り上げに関する問題 中国の通貨「人民元」の切り上げとは、米ドルなどの外国通貨との交換レートを人民元の価値が上がるように変動させること。人民元の価値が上がれば中国人の購買意欲が高まるので、中国へ輸出している企業は有利になり、中国から外国への旅行需要は増える。しかし、中国からの輸入品は値上がりし、中国に拠点を置く企業にとっては、人件費やコストが上昇する可能性がある。東京の家電量販店や百貨店では、中国人観光客の増加を見込み、専門スタッフや中国語表示などの対応をしている。

A ③

サプライチェーン(供給網)に関する問題 今回の東日本大震災では東北地方の多くの電機、自動車、化学の工場が被災した。この結果、日本国内だけではなく、世界中の自動車、電機などの生産が部品や材料などの供給不足による影響を受けた。この部品や材料の供給網のことをサプライチェーンと呼ぶ。日本の電機、自動車業界などは生産の各段階で部品ごとに必要な量や納期を厳密に定めている。部品会社の中には1社や数社で世界的なシェアを持つ企業もある。東日本大震災ではこうした企業の工場が被災し、サプライチェーン全体が影響を受けるリスクが浮き彫りになった。

Q29

近年いわれるようになった企業の事業継続計画（BCP）または事業継続マネジメント（BCM）。これらと最も関わりが薄いのはどれか。

① 新型インフルエンザの猛威

② 突発的な大地震

③ 業務用PCデータの消失

④ 親会社の突然の不祥事発覚

Q30

次のグラフは、日本の液化天然ガス（LNG）の輸入先（2010年）を示したものである。A～Dの国名の組み合わせで正しいのはどれか（グラフは日本経済新聞2011年5月12日付3面から）。

① A．米国
B．インドネシア
C．ニュージーランド
D．オーストラリア

② A．カタール
B．中国
C．シンガポール
D．米国

③ A．中国
B．マレーシア
C．米国
D．インドネシア

④ A．マレーシア
B．オーストラリア
C．インドネシア
D．カタール

日本のLNG調達先（2010年実績）

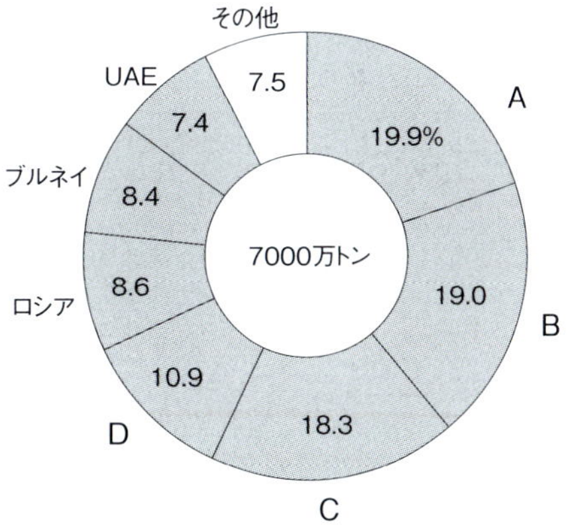

A ④

事業継続マネジメント（BCM）に関する問題 BCMとは、企業が自然災害や人的要因、病気の大流行などによるリスクに直面しても、損失を最小限に抑えながら重要な事業が継続できる方法や手段を用意しておくこと。具体的にはリスクの影響を想定し、優先して継続・復旧する必要がある中核事業を特定、復旧時間の目標を決め緊急時に提供できるサービスについて顧客に通知する。さらに事業拠点や生産設備、調達などについて代替案を用意しておくことなどが主な施策だ。またそれに基づいて立てられた計画を事業継続計画（BCP）という。

A ④

液化天然ガス（LNG）の輸入先に関する問題 日本は、LNGの世界最大の輸入国である。2010年には15カ国からトータルで約7000万トンものLNGを輸入している（財務省貿易統計）。島国の日本はガスを液体に変えて海上輸送するLNGへの依存度が高い。輸入先としては、上位からマレーシア、オーストラリア、インドネシア、カタール、ロシアの順となっている。長年、インドネシアがLNGの最大の輸入先であった。しかし、インドネシアでは経済成長によるエネルギー消費の拡大により、輸出を削減する方針に転じた。

Q31 雇用流動性を高める施策に当てはまらないのはどれか。

① 正規社員の解雇規制の緩和

② 雇用調整助成金の給付拡大

③ 年功序列賃金の見直し

④ 職業訓練制度の強化

Q32 2010年9月、日本振興銀行が経営破綻し、ペイオフが発動された。ペイオフに関する記述で間違っているのはどれか。

① 日本でペイオフが発動されたのは今回が初めてである。

② ペイオフでは、決済用預金は全額保護される。

③ ペイオフは、2002年からすでに解禁されていた。

④ 定期預金などは元本3000万円まで全額保護される。

A ②

雇用の流動化に関する問題 戦後の日本では、大企業を中心に社員を定年まで雇用し続ける終身雇用が広く定着してきた。これは働く側にとっては生活の安定を促すとともに、企業への帰属意識を高め、また企業側としては長期的な観点で社員教育をしやすいといったメリットがあった。半面、不況期にも人員削減が進みにくく、衰退産業から成長産業への労働力の移動も遅れがちで、これが新たな雇用を生み出すのを阻んでいるという指摘も多い。そこで近年では、働き手がより自由に職場を変えやすいよう、雇用の流動化を進める諸制度の改革が求められている。具体的には、欧米に比べて厳しいとされる正規社員の解雇規制の緩和、離職者が新たな職場に早期に就けるよう促す職業訓練制度の強化、勤続年数に応じた年功序列賃金の見直しなどが挙げられる。これらに対し雇用調整助成金制度は、雇用調整をしようと考えている企業に助成金を給付し雇用の維持を図るもので、雇用の流動化とは異なる施策である。

A ④

ペイオフ発動に関する問題 2010年９月10日、日本振興銀行が経営破綻し、預金保険機構の管理下に置かれ、預金を一定額までしか保護しないペイオフが初めて発動された。無利息、要求払いの当座預金など決済用預金はペイオフの対象外で全額保護される。ペイオフは02年４月から解禁されていた。ただ、05年３月までは利子のつく普通預金は保護されていたので、05年４月を本格解禁とする場合もある。元本1000万円を超える定期預金とその利息などは、破綻銀行の抱えるほかの債務と同じように扱われ、全体の財務状況に応じて弁済される。したがって、「元本3000万円まで全額保護される」は間違い。

Q33 企業のM＆A（合併・買収）の際に使われる株式公開買い付け（TOB）について、間違っているのはどれか。

① 買い付け価格は、上場株の場合は、直近の時価であることが多い。

② TOBによる買収への防止策として、株式の持ち合いが行われることがある。

③ M&Aには友好的なものと敵対的なものがあるが、日本でも敵対的M&AでのTOBの成功例が出始めた。

④ 敵対的M&AでTOBをかけられるのを防ぐ策としては業績を向上させて、株価を高く維持することが大事である。

Q34 親会社と連結子会社が共に上場していること（親子上場）について、正しいのはどれか。

① 親子上場は、親会社と少数株主との利益相反が起こりうるという問題がある。

② 2008年以降、親子上場は増加傾向にある。

③ 子会社の上場を廃止し親子上場を解消するのは、子会社の事業を清算するケースに限られる。

④ 親子上場の場合、親会社のみが上場に伴うコストを負担する。

A ①

株式公開買い付け（TOB）に関する問題 TOBは、テーク・オーバー・ビッド（Take Over Bid）の頭文字をつなげたもの。企業の買収や合併の際に、相手企業の株主から株式を買い付ける方法の一つだ。具体的に相手企業の株式をいくらで、何株まで買うかを事前に公表するため、すべての株主に平等に売却機会が与えられる。株式の買い付け価格は、時価と同じでは相手会社の株主にメリットがないので、通常は時価の30%ぐらい上の価格を提示することが多い。

A ①

親子上場に関する問題 2008年以降、親子上場は減少傾向にある。その理由は、事業の強化（集中化）や不採算子会社の経営再建、グループの経営効率化など。単に子会社の事業清算だけが目的ではなく、事業を中止したい場合には、むしろ子会社の株式を売却するほうが多い。上場すれば各社で上場維持費用の負担が生じ、内部統制報告書などの上場に伴うコストが大きくなっていることも、親子上場解消の背景にある。親子上場の最も大きな問題点は、親会社と少数株主との間の利益相反。親会社は、子会社が上場しているか否かにかかわらず、子会社の意思決定を支配することができ、子会社に「親会社にとって有利な意思決定」を行わせる可能性がある。それによって子会社の「親会社以外の株主」は不利益を被るかもしれない。親子上場の減少傾向の背景にはこうした投資家の懸念もある。

Q35 上場会社が自社の株式を買う「自社株買い」に関する記述で間違っているのはどれか。

① 自社の株価を意図的につり上げる場合もあるので、日本では特別の場合を除いて禁止されている。

② 流通する株式数を減らし、株価の下支えになるので、投資家が歓迎することが多い。

③ 取得した自社の株式は、M&A（合併・買収）などの際に株式交換用に使うこともある。

④ 会社の手元資金に余裕のある場合や、株価が大幅に下落しているときに実施することが多い。

Q36 個人の金融資産の運用で、日本では預貯金の比率が米国に比べて際立って高い。この理由としてふさわしくないのはどれか。

① 日本では証券会社に比べて銀行や郵便局を信用する人が多い。

② 日本では株式投資は一部の人がするものという考え方が米国に比べて強い。

③ 米国に比べて日本人のほうが資産運用には保守的である。

④ 米国には預金を保護する仕組みがないため、株式投資が普及した。

A ①

自社株買いに関する問題 自社株買いは企業が自社の株式を市場などで買うことを指す。かつては特別の場合を除いて禁止されていたが、現在では全面的に解禁されている。流通している株式数を減らすので１株当たりの利益を増やすことになり、一種の株主優遇対策となる。買い上げた株は「金庫株」として保有したり、消却したりすることができる。金庫株は従業員のストックオプション（株式購入権）やM&A（合併・買収）における株式交換用に活用できる。

A ④

「貯蓄から投資へ」に関する問題 個人の資金運用で「貯蓄から投資へ」ということがよく言われるが、実際にはなかなか進んでいない。銀行預金の一部（現在の日本では１人１銀行当たり1000万円プラス利子相当分）はペイオフという制度によって、銀行が破綻しても保証される。同様の制度は米国にもある。それでも米国で株式などリスク資産での運用が日本に比べ多いのは選択肢①②③の理由に加え、学校教育でも早くから投資家教育が行われていることなども指摘されている。

Q37 社員持ち株制度に関する説明で、間違っているのはどれか。

① 社員の経営参加意識を高める効果が期待できる。

② 会社の経営が悪化したときには、社員も実害を被ることがある。

③ 原則として、自社株は市場価格で買う。

④ 未上場企業は導入できない。

Q38 次のキーワードから連想される企業の経営手法はどれか。

・**転売**
・**撤退**
・**最小限**

① リエンジニアリング

② 出口戦略

③ ベンチマーキング

④ 多角化戦略

A ④

社員（従業員）持ち株制度に関する問題 社員持ち株制度とは、自社の社員に会社の株を保有してもらう制度。社員を株主にすることで安定株主を確保し、自社株を保有してもらうことによって経営に参加していることを認識させ、社員の会社への帰属意識を高める効果がある。上場している場合、一般的には市場価格で購入することになるが、未上場企業でも持ち株制度を導入すれば自社株を購入できるので、後に上場した際には購入金額以上の利益を得る場合もある。ただ、会社が経営難に陥ったとき、株主である社員にもリスクが及ぶ。例えば山一証券が自主廃業した際、自社株を持っていた多くの社員が大きな損失を被ったといわれている。

A ②

出口戦略に関する問題 「出口戦略」とは元は軍事的に使用されていた用語で、経済的には不況や競争激化により市場などから撤退する際、損害や負債を最小限にする経営手法のことである。具体策としては、投資した株式や債券の売却などが挙げられる。また経済危機に対する国の緊急的な財政・金融政策を収束させる方法も、同様に出口戦略と呼ぶことがある。

Q39 2010年6月施行の改正育児・介護休業法についての説明で、間違っているのはどれか。

① 3歳未満の子どもを持つ人を対象に、短時間勤務（原則1日6時間）を制度化した。

② 従業員100人以下の企業は適用が猶予されている。

③ 3歳未満の子どもを持つ人を対象に、所定外労働（残業）の免除を義務付けた。

④「パパ・ママ育休プラス」とは、子どもが1歳になるまでの間の父親の育休を原則義務化したもの。

Q40 60歳を過ぎた高年齢者の雇用確保のための現行制度に関する記述で間違っているのはどれか。

① 継続雇用制度において労使協定を締結すれば、希望者全員の継続雇用は必ずしも求められない。

② 雇用を確保すべき上限年齢は年金の支給開始年齢に応じて引き上げられる。

③ 2013年から定年を引き上げるか廃止することを義務付けている。

④ 中小企業が65歳以上へ定年を引き上げると助成金が支給される。

A ④

改正育児・介護休業法に関する問題 2010年6月施行の改正育児・介護休業法では、3歳未満の子どもを持つ人を対象に労働時間を1日原則6時間とする短時間勤務制度と残業を免除する制度を企業が設けなければならなくなった。さらに同法で新設されたのが「パパ・ママ育休プラス」。子どもが1歳になるまで取れる育児休暇を夫婦共に取得する場合に、子どもが1歳2カ月になるまで取得を認めるという制度だ。子どもが1歳になるまでは妻が育休を取り、そこから2カ月間を夫が育休を取るといった使い方ができる。09年度の男性の育児休業取得率は1.72%と、女性の85.6%に比べて非常に低い。一連の改正は子育て期の多様な働き方を促すとともに、男性の育休取得促進への効果が期待される。

A ③

高年齢者雇用に関する問題 2004年から施行された改正高年齢者雇用安定法では、定年引き上げや定年の廃止、継続雇用制度の導入などで段階的に65歳までの雇用を継続するよう企業に求めている。ただし、継続雇用制度については労使協定によって対象者の基準を定めることが認められており、この場合は必ずしも全員の継続雇用が求められない。雇用確保の義務年齢は、国民年金の支給開始年齢の引き上げスケジュールに合わせて、段階的に定められている。すなわち2010年3月まで63歳、2013年3月まで64歳、それ以降は65歳だ。「定年引上げ等奨励金」制度の中で、従業員300人以下の中小企業が定年の廃止または65歳以上への延長を実施すると奨励金が支給される。また、定年の延長・廃止については、改正論議はあるものの現行法では義務付けてはいない。したがって、選択肢③は間違い。

練習問題 Ⅲ

視野の広さ

Sensitive

Q1

「ノマドワーカー」と呼ばれる人々を取り込むのに最も適した業態はどれか。

① 無線LANなどのネット環境が充実したオープンカフェ

② 早朝から深夜まで営業している総菜店

③ 駅構内にある品揃えの豊富な書店

④ 百貨店内にある高級レストラン

Q2

次の販売促進イベントが狙う共通のキーワードとして最も適当なのはどれか。

- **ＡＫＢ選抜総選挙（ＡＫＢ48）**
- **歴代カップヌードル復活総選挙（日清食品）**
- **クノールカップスープ「集まれ！　つけパン派！　ひたパン派！」キャンペーン（味の素）**

① エシカル消費

② 応援消費

③ ごほうび消費

④ スマート消費

A ①

ノマドワーカーに関する問題 「ノマド」とは「遊牧民」を意味する英語。オフィスの机など1カ所にとどまらず、街のカフェなどで仕事をこなす人を指す。取引先に立ち寄った後にファストフード店で書類をまとめたり、気分のリフレッシュも兼ねてカフェで仕事のアイデアを考えたりする人たちの様子が遊牧民のように見えるのでノマドワーカーと呼ばれるようになった。スマートフォン（高機能携帯電話）やタブレット端末、ノートパソコンなどモバイル機器の充実や無線LANを備えたカフェなどの普及により可能になった。自分で仕事をする場所を選ぶことで効率化を図るなどのメリットがあり、近年注目される仕事のスタイルである。

A ②

応援消費に関する問題 売れない時代にはファン作りが必要だ。これらの販促イベントの狙いは、商品やサービスを（他人事ではなく）「ジブンゴト」として思い入れをもって購入・利用してもらう「応援消費」。人気投票による参加意識の強化で消費意欲を刺激した。2011年6月に行われたAKB48の22ndシングル選抜総選挙の投票総数は100万票を超え国民的な話題となった。熱心なファンは自分の応援するメンバーを当選させるために投票券のついたCDを複数購入した。歴代カップヌードル復活総選挙は人気投票で選ばれた過去の商品から3つを復刻版として限定発売する企画で投票総数は180万を突破した。クノールのキャンペーンは「つけパン派」「ひたパン派」のどちらの食べ方を支持するか投票を呼びかけた。投票総数は約30万、応募サイトは約220万ページビューに上った。

Q3 電子マネーでないのはどれか。

① エディ

② ナナコ

③ スイカ

④ ポンタ

Q4 米アップルの創業者であるスティーブ・ジョブズ氏の言葉ではないのはどれか。

① 最大の弱みは、最大の強みになりうる。

② ダム経営を提唱したい。

③ 必要なのは共通のビジョン、それを提供するのがリーダーシップだ。

④ ハングリーであれ、愚か者であれ。

A ④

ポンタに関する問題 「エディ」は楽天子会社のビットワレット（2012年6月、楽天Edyに社名変更する予定）、「ナナコ」はセブン＆アイ・ホールディングス、「スイカ」は東日本旅客鉄道がそれぞれ運営する電子マネー。これに対し、「ポンタ」は、三菱商事の子会社のロイヤリティマーケティングが立ち上げた共通ポイントカード。電子マネーは入金すればカードだけで買い物の決済が行え、通常の通貨と同様の機能を持つ。これに対しポイントカードは買い物に対し一定割合のポイントが付与されるもので、一般的な決済機能を持つものではない。

A ②

スティーブ・ジョブズ氏の言葉に関する問題 2011年に死去した米アップルの創業者、スティーブ・ジョブズ氏は多くの名言を残した。「最大の弱みは、最大の強みになりうる」。ハードも基本ソフト（OS）も自社で作り続ける手法は弱みに見えるが、製品をすべてデザインし、いち早く投入する強みにもなると説いた。「必要なのは共通のビジョン、それを提供するのがリーダーシップだ」も有名な言葉だ。ビジョンとリーダーシップに対するジョブズ氏の明快な考え方が示されている。「ハングリーであれ、愚か者であれ」は05年のスタンフォード大学でのスピーチで、世界的な話題になった。「ダム経営を提唱したい」はパナソニックの創業者である松下幸之助氏の言葉だ。ダムに入れた水を必要に応じて徐々に流すように、設備、資金、在庫、人材にも経済変動や需要の変化に柔軟に対応できる余裕が必要であり、安定した経営が大切と説いた。

Q5

次のサービスに共通して利用するスマートフォン（高機能携帯電話）の機能はどれか。

・foursquare（フォースクエア）
・セカイカメラ
・コロニーな生活

① ワンセグ

② おサイフケータイ

③ 位置測定機能

④ 赤外線通信

Q6

バングラデシュで自社の低価格製品を開発、販売したことで知られるソーシャルビジネスの先駆けともいえる企業はどれか。

① ダノン

② プロクター・アンド・ギャンブル（P&G）

③ ユニリーバ

④ ノボノルディスクファーマ

A ③

位置測定機能を活用したマーケティングに関する問題 全地球測位システム（GPS）や簡易位置情報などの位置測定機能を活用した集客サービスが次々生み出されている。フォースクエアは米国発のサービスで、自分のいる位置を「チェックイン」することで他のユーザーに知らせることができる。ある店舗で一番多くチェックインすると割引を受けられるようにすることなどが可能で、スターバックスがキャンペーンに利用した。コロニーな生活は、位置情報と消費を結びつけ、地方の名店などと組み来店を促したり、JTBと旅行を企画した実績がある。セカイカメラはGPS情報と拡張現実（AR）技術を使い、観光プロモーションなどに利用されている。位置情報を使ったマーケティングはカーナビも取り込みながら一層の発展が見込まれる。

A ①

ソーシャルビジネスに関する問題 ソーシャルビジネスとは、企業による環境問題や貧困問題などの解決に向けた取り組みで、事業性を確保している点がボランティアとは異なる。ヨーグルトで知られるフランスの食品メーカー、ダノンは、バングラデシュのグラミン銀行と協力し、合弁会社グラミン・ダノン・フーズを設立。安価なヨーグルトを製造・販売し、雇用機会を創出したことで知られる。衣料専門店「ユニクロ」のファーストリテイリングも、グラミン銀行と組みソーシャルビジネスに乗り出している。

Q7

次の特徴や消費動向で注目される20～30代を中心とした女性を分類する新語はどれか。

・カメラ好きが多いとされる。
・スカートに柄タイツやレギンスを合わせるのが定番のスタイル。
・2009年ごろから注目され始めた。

① 歴女

② 森ガール

③ 山ガール

④ 鉄子

Q8

最近、ビール業界で「新たな救世主」と期待が高まっているのはどれか。

① 第3のビール

② ノンアルコールビール

③ プレミアムビール

④ 地ビール

A ③

山ガールに関する問題 趣味に強いこだわりを持つ若い女性を分類した新語が相次いでいる。歴女（れきじょ）は武将など歴史上の人物に萌える歴史好きの若い女性を指し、史跡などを訪ねる旅行需要の掘り起こしなどマーケティング面でも注目されている。鉄子は鉄道が好きな若い女性を指し、「ママ鉄」（鉄道好きの子どもを持ち、自身も鉄道にはまった母親）などにも展開が拡大。山ガールは2009年ごろから注目されている登山好き、アウトドア好きの女性で、山スカートと呼ばれるボトムスに華やかな色使いのタイツを合わせるなど従来の登山着とは一線を画すスタイルが話題を呼んだ。一方、森ガールは2008年ごろから人気が出たファッション傾向の女性を示す言葉。ゆるいワンピースにレイヤー（重ね着）ファッションの「森にいるような」雰囲気が特徴。山ガール、森ガールともにカメラ好きとされるが、ファッションの傾向は山ガールのほうがアクティブなイメージだ。

A ②

ノンアルコールビールに関する問題 第３のビールは過去数年間で成長し、プレミアムビールも従来から根強い人気があった。地ビールはかつてのブームは去ったが、一部で人気が復活している。ただ、以上はいずれも「新たな救世主」の期待を抱かせるものではない。これに対し、ノンアルコールビール（あるいはビールテイスト飲料）は、最近売れ行きが急増している。先駆けはキリンビールで2009年４月「キリンフリー」を発売。このヒットに各社も追撃し、特にサントリーの「オールフリー」は一時、生産が追いつかない状況だった。消費者にとって運転前や休肝日に飲めるという利点があり、メーカーにとっては酒税がかからず利益率が高いという製品だ。

Q9

次のマークはインターネット上のウェブサイトに掲載されるものだが、マークが意図するのはどれか。

① ネットマネーが使用できるサイト

② 正規の動画・音楽配信サイト

③ 個人情報が保護されたサイト

④ 有害情報がないと認定されたサイト

Q10

次世代送電網「スマートグリッド」に関する説明で間違っているのはどれか。

① 電力の流れを供給側・需要側の両方から制御し、最適化できる。

② 通信機能が付いたスマートメーター（次世代電力計）を使う。

③ 米国のオバマ政権がグリーン・ニューディール政策の柱として打ち出し、注目されるようになった。

④ 日立製作所がスイスのスマートメーター大手を買収した。

A ②

エルマークに関する問題 これは、日本レコード協会が発行している「エルマーク」である。マークは、「ライセンス（License）」の「L」の字をモチーフにしている。マークの使用許諾条件を満たしたレコード音源や映像などの配信サイト運営事業者に発行される。このマークはパソコン向けや携帯電話など向けのサイトに表示され、このサイトで配信されている音楽や映像がレコード会社や映像製作会社によって正式にライセンスされたものであることを証明する。

A ④

スマートグリッドに関する問題 スマートグリッドは、IT（情報技術）を活用し、電力の流れを供給側・需要側の両方から制御し、最適化できる。スマートグリッドを実現するためには、通信機能により家庭や工場などの電力需要をリアルタイムで把握できるスマートメーター（次世代電力計）が必要となる。発電量が不安定な太陽光、風力などの自然エネルギーで発電した電力も利用しやすくなる。福島第1原子力発電所事故の影響で、再生可能エネルギーに注目が集まっている。東芝はスイスのスマートメーター大手、ランディス・ギア社を2000億円で買収、スマートグリッド事業の世界展開を狙っている。

Q11

次のキーワードから連想される製品はどれか。

・世界シェア１位は三洋電機（2010年度）
・小型化、軽量化しやすい
・電気自動車

① 発行ダイオード（LED）

② リチウムイオン電池

③ 半導体

④ 太陽光パネル

Q12

レアアース（希土類）に関する記述で間違っているのはどれか。

① インドが世界の供給の９割以上を担っている。

② レアアースは現在ある最終製品を製造する際に、技術的には他の材料で代替することが可能。

③ ベトナム、オーストラリア、米国などでレアアースの生産計画がある。

④ モーターの回転子と呼ばれる磁石部分にレアアース材料が使われている。

A ②

リチウムイオン電池に関する問題 リチウムイオン電池は充電して何度も使える電池の一種で、軽量化しやすいため携帯電話やノートパソコンなどの電源として普及した。近年では電気自動車のバッテリーとして注目されている。電池の最小単位であるセルベースで、2010年度の世界出荷シェアは1位が三洋電機（現パナソニック）で19.8%、2位は韓国のサムスンSDIが0.1ポイント差に迫った（調査会社テクノ・システム・リサーチによる）。韓国LG化学もシェアを伸ばしている。2011年の韓国勢のシェアは日本勢を上回ったとの調査も出ており、韓国勢が日本勢を追い抜いたかつての液晶パネルや半導体の二の舞いにならないかと懸念する声もある。

A ①

レアアース(希土類)に関する問題 世界のレアアース供給の9割以上は中国が担っており、独占供給状態にある。代替は技術的には可能で、例えば家電・素材メーカーはレアアースを使わないモーター製造技術を開発した。ただ切り替えには時間がかかりそうだ。中国が戦略物資として輸出規制に動く中でベトナム、オーストラリア、米国、カナダなどでレアアースの生産計画が目白押しとなっている。現状では家電や電気自動車のモーターの回転子と呼ばれる中核部分に、大きな力を効率よく生み出せるようネオジムやジスプロシウムなどのレアアース材料が使われている。

Q13 シェールガスに関する記述で間違っているのはどれか。

① シェールガスは埋蔵量が非常に大きく、世界の天然ガス市場を一変させる可能性もあるとされる。

② 米国で採掘の技術開発が進み、北米、欧州、中国で埋蔵が確認されている。

③ 二酸化炭素（CO_2）排出量が少なく、温暖化対策にもすぐれる。

④ 日本の電力・ガス会社は、まだ開発に参画していない。

Q14 ブラジル、ロシア、インド、中国の新興４カ国の総称はこれまで「BRICs」だったが、2011年４月にある国が加わり、「BRICS」となった。新たに加わった国はどこか。

① シンガポール

② 南アフリカ

③ サウジアラビア

④ スロバキア

A ④

シェールガスに関する問題 シェールガスは、従来のガス田よりも深い頁岩（けつがん）層から採取される天然ガス。米国で採掘技術が進歩し、一気に開発が進んだ。中部電力、東京ガス、大阪ガスと石油天然ガス・金属鉱物資源機構（JOGMEC）は、2011年5月、三菱商事が2010年9月から参画しているカナダのシェールガスを中心とした天然ガス開発プロジェクトに参加すると発表。カナダ太平洋岸に大規模プラントを建設、日本などへ輸出する計画だ。

A ②

BRICSに関する問題 2011年4月に中国・北京で行われたブラジル、ロシア、インド、中国の4カ国首脳会議に南アフリカ（South Africa）が初参加。これに伴って、「BRICs」は「BRICS」となった。南アフリカは豊富な資源を背景に、アフリカ大陸最大の経済力を誇っているが、国勢や経済規模でいうと人口、面積、国内総生産（GDP）のいずれもが世界20位台。背景には、数年前から銀行買収や高速鉄道プロジェクトへの参加、金・ダイヤモンド・プラチナなどの資源確保のための大型投資など、南アフリカに進出している中国の主導があるとみられる。

Q15 2010年に世界で金生産量が最も多かったのはどこか。

① 南アフリカ

② CIS（旧ソ連）

③ オーストラリア

④ 中国

Q16 次に掲げた製品や施設の機能や性能向上に役立つ、実用化技術として最も適切なのはどれか。

・家庭用照明
・薄型テレビ
・植物工場

① 半導体レーザー

② 有機EL（エレクトロ・ルミネッセンス）

③ WiMAX

④ 発光ダイオード（LED）

A ④

世界の金の生産量に関する問題 ドル、ユーロなど主要通貨の下落で実物資産の金への投資が注目される傾向が見られる。米鉱山局の調べでは、2000年からの世界の金生産量は年間2500トンから2600トン前後で推移しているが、国別の生産量の順位は大きく変動している。2000年ごろは年間400トンから500トン前後を生産してきた南アフリカが世界最大の産金国だったが、04年ごろから生産設備の老朽化、新規投資の遅れ、既存鉱山の生産性低下などで生産量が減少。07年から金鉱山の新規開発に力を入れてきた中国が最大の生産国となった。10年の国別の生産量は、中国がトップで350.9トン、以下CIS諸国の328.2トン、オーストラリアの260.9トン、米国の233.9トンと続き、南アフリカは203.3トンと５位。

A ④

発光ダイオード(LED)の機能に関する問題 LEDは電気を流すと発光する半導体の一種。消費電力が少なく耐久性に優れ、温暖化対策の観点から注目を集めている。これまでは信号機や携帯電話画面のバックライトなどに活用されてきたが、技術革新が進み、薄型テレビ画面のバックライトや一般照明などに用途が拡大している。特に照明に関しては、メーカー各社がLED電球を次々と市場に投入。新規参入も相次いでおり、一般家庭への普及が今後急速に進むと見られる。このほか、施設内の明るさ・温度・湿度などを人工的に制御して野菜を栽培する「植物工場」の光源としても注目されており、製品の投入が相次いでいる。LEDの一種の有機ＥＬも照明への応用が期待されているが、現状では携帯電話や薄型テレビのディスプレーでの用途が先行している。

Q17 近年、需要が拡大しつつあるNAND型フラッシュメモリーの説明として、ふさわしくないのはどれか。

① データを大容量化しやすい。

② 東芝が世界市場のトップを誇る。

③ 特に携帯電話機向けの需要がめざましい。

④ 半導体の一種である。

Q18 「サムライ債」の説明で正しいのはどれか。

① 日本の企業や公的機関が海外で発行する債券

② 日本の企業や公的機関が日本国内で発行する外貨建て債券

③ 海外の企業や公的機関が日本国内で発行する外貨建て債券

④ 海外の企業や公的機関が日本国内で発行する円建て債券

A ②

フラッシュメモリーに関する問題 フラッシュメモリーは電源を切ってもデータを記憶し、取り出すことのできる半導体メモリーの一種。メモリーセルの構成にはNOR（ノア）型とNAND（ナンド）型があり、前者は読み出し速度が、後者は書き込み速度が速い。後者はセルサイズが小さく大容量向きで、消費電力が少なく、ビットコストが安いという特徴があり、スマートフォン（高機能携帯電話）向けの需要が拡大している。世界市場でトップを誇っているのは韓国のサムスン電子で、東芝は２位（日本経済新聞社「2010年主要商品・サービスシェア調査」）。手軽なデータ交換メディアとして、今後も成長が期待される。

A ④

サムライ債に関する問題 海外の企業や政府などの公的機関が日本国内で発行する円建ての債券を「サムライ債」と呼ぶ。2011年に入り、このサムライ債の発行が増加した。欧米諸国では債務不安問題を背景に市場金利が上昇しているのに対し、日本では長期金利が低位で安定していること、円高傾向で為替差益が見込めること、などが背景にある。サムライ債で調達した資金を外貨に換えれば、円高を抑える要因になる。海外の企業や公的機関が日本で発行する外貨建て債券は「ショーグン債」と呼ばれる。

Q19

日本の食料自給率についての説明で、間違っているのはどれか。

① 一般的には生産額ベースでの計算を指す。

② 主要国の中では突出して低い水準にある。

③ 低下の主因として、農林水産省は食生活の欧米化を挙げている。

④ 政府は食料自給率の向上のために「地産地消」などを呼びかけている。

Q20

わが国の人口の現状について、正しいのはどれか。

① 総人口はまだ増加している。

② 総人口が減少し始めている。

③ 総人口は増えているが、生産年齢人口（15～64歳）が減少している。

④ 総人口、生産年齢人口は増えているが、年少人口（0～14歳）が減少している。

A ①

日本の食料自給率に関する問題 食料自給率は、その国で消費される食料がどれくらい国産品でまかなえているかを表す指標。算出法は「重量ベース」「熱量（カロリー）ベース」「生産額ベース」に大別される。一般的に日本で食料自給率という場合、農林水産省が毎年発表するカロリーベースの総合食料自給率を指す。2010年度の日本の食料自給率は39％だった。1960年代前半には70％台だったが、自給率はじわじわと低下。その主因として、農水省は食生活の欧米化に伴う輸入食品の増加を挙げている。海外に目を転じると、オーストラリア（173％）を筆頭に、カナダ（168％）、米国（124％）、フランス（111％）は100％を超え、ドイツ（80％）、英国（65％）も日本を大きく上回る（いずれも2007年データ）。国は食料自給率の向上のため、08年に国民運動組織「フード・アクション・ニッポン」を立ち上げ、消費者に「地産地消」や食べ残しの削減などを呼びかけている。

A ②

日本の総人口に関する問題 総務省統計局の国勢調査・人口推計によると、わが国の総人口（外国人含む）は2005年に減少、06、07年は微増となったが、08年から本格的に減少局面に入っている。日本人の人口だけなら、05年から明確に減少傾向。生産年齢人口については1995年をピークに減少傾向が続き、年少人口は1985年国勢調査からすでに減少している。日本はすでに人口減少社会に突入して５年以上経過しているということが意外に理解されていない。

Q21 2011年8月から始まったコメの先物取引に関する説明で間違っているのはどれか。

① 将来のコメの値段を現時点で決めて取引をするもので、生産者にとっては将来の価格の値下がりをヘッジできる。

② 生産者にとってはコメの将来の値下がりをヘッジするメリットがある半面、値上がり益を逸するリスクもある。

③ 日本でコメの先物取引が認可されたのは史上初めて。これまではリスクが大きく投機的であるとして禁じられていた。

④ 先物取引は農業・漁業関連ではコメのほか、コーヒーやトウモロコシ、冷凍エビもある。

Q22 戦後日本の経済成長率の歩みについての説明で間違っているのはどれか。

① 戦後初めてマイナス成長を記録したのは石油危機直後の1974年である。

② 最も高かったのは高度経済成長期で、バブル時代に記録した6.0%を大きく上回る。

③ 2002年から07年にかけて日本は戦後最長の景気拡大を経験したが、その間の経済成長率は最高でも2%台である。

④ 2008年の実質経済成長率はマイナスだったが、その幅は米国よりも小さかった。

A ③

コメの先物取引に関する問題 コメ先物は将来のコメの価格などの取引契約をあらかじめ結んでおく仕組み。江戸時代に大阪の堂島の取引を幕府が公認した。明治以降も各地の取引所で売買されたが1939年に全廃された。戦後続いた食糧管理制度が廃止された後も投機的であるということで禁止されていたが、今回約70年ぶりに再開された。透明性のある価格を形成し、生産者や卸業者などに価格の変動リスクを回避できる手段を提供する意味がある。農水産物の先物取引はコメのほか、大豆、小豆、コーヒー、トウモロコシなどが対象になっている。

A ④

日本の経済成長率に関する問題 2008年秋のリーマン・ショックによる金融危機は、日本や欧州諸国など世界各国の経済に大きな打撃を与えた。金融危機が日本の金融機関に直接的に与えた損失は、欧米に比べるとはるかに小さいものだったが、日本経済は自動車や電機などの輸出に依存した構造となっていたため、主要な輸出先だった米国の景気が悪化すると、その負の影響が日本にも一気に及んだ。日本の08年の実質経済成長率はマイナス1.0%だったのに対し、米国の同時期の実質経済成長率はマイナス0.3%。金融危機の震源地となった米国よりも日本のほうが実体経済が大きく冷え込むこととなった。

Q23 ハラル認証の説明で正しいのはどれか。

① ヒンドゥー教諸国で通用する認証制度である。

② ハラル規格は国際的に統一されている。

③ 食品のほか、化粧品などにも適用される。

④ 日本にハラル認証機関はない。

Q24 「フリーミアム」を説明した文章で正しいのはどれか。

① 非効率な事業部門をカットしても新たに非効率な部門ができるのなら、現在の非効率部門はそのままにしておくべきです。

② 無料会員から有料会員に移行すると、今より多くの機能が利用可能になります。

③ かつてユーザーだったときの経験を生かして、メーカー側に回るといい製品を作ります。

④ 新製品や流行に対し常に懐疑的な層が一定割合でいるので、いちいち気にする必要はありません。

A ③

ハラル認証に関する問題 ハラル認証は、イスラム教義に従った食品や化粧品などの規格の管理とその振興を図る制度。イスラム法に反していないか、原材料、製造工程、製品品質を審査する。そもそもハラルとは、イスラム教徒が食べられる物のことを表す。イスラム教では、豚肉を食べることが禁止されているが、それ以外の肉でも製造工程、製品品質などがイスラム法に則っていないと、食べることはできない。イスラム圏へ製品の販路を広げるには、ハラル認証の取得が鍵となる。国際的な統一はされてはいない。世界共通の認証機関はなく、各国のイスラム団体などが認証。日本では拓殖大学イスラーム研究所などが認証機関として活動している。

A ②

フリーミアムに関する問題 フリーミアムとは近年生まれた造語で、フリー(無料)とプレミアム(割増料金)の合成語である。例えばインターネットサービスなどで、初めは無料で会員を集め、その後付加価値のついた有料サービスを提供するといった手法を指す。外食では、時間限定のコーヒー無料サービスがフリーミアムに当たる。無料サービスでのコストを有料料金で回収する必要があり、そのためには無料サービス自体の魅力、そして有料サービスの付加価値の新たな魅力の両方が重要である。化粧品などの無料サンプルは配布量に比例してコストがかかるが、例えばデジタルコンテンツは無料提供が増えても追加コストはほとんどかからず、有料サービスの利用者が少なくても無料サービスのコストを回収しやすい。

Q25 「バズマーケティング」に最もふさわしい手法はどれか。

① 商品名を隠した無料サンプルを抽選で配布する。

② 学生サークルに無料サンプルを配布する。

③「続きはウェブで」と気になるテレビCMを放送する。

④ 毎日、同じ時間に決まったCMを放送する。

Q26 銀行以外でも送金業務が可能になる資金決済法の狙いとして、間違っているのはどれか。

① 銀行の業務負担を軽減する。

② 電子マネーが多様化するなかで利用者保護の規制を設ける。

③ マネーロンダリングを防ぐ。

④ 送金にかかる手数料の引き下げなどサービスの向上。

A ②

バズマーケティングに関する問題 「バズ」は「蜂がぶんぶん飛ぶ音」という意味で、人の口から口へと伝わっていく、口コミによるマーケティング手法のこと。口コミを広めるために、人気のあるインターネットサイトやブログ、ターゲットとする消費者に強い影響力を持つ人を起点に商品やサービスの話題を提供する。消費行動に影響を与えたい販売ターゲットを明確にしている点で従来の口コミ手法とは異なる。

A ①

資金決済法に関する問題 2010年4月に施行された資金決済法は、銀行以外の事業会社にも小口送金業務を認めるようにした。異業種の参入により、送金手数料の低下や取り扱い通貨の多様化といったサービス向上が期待できる。銀行以外の事業会社が送金業務サービスを始めるには金融庁への登録が必要で、利用者保護のために、参入業者には送金途中の資金と同額以上（最低1000万円）の資金を供託することを義務付けている。また、これまでネット上でIDを購入してネット通販などに使うサーバー型電子マネーには、利用者保護のための規制がなかったが、同法では未使用残高の2分の1以上に相当する金額の供託を事業者に義務付ける。こうした法律により、マネーロンダリングや不正行為の防止を狙っている。

Q27

フィンランド、スウェーデン、デンマークの北欧３国にある企業の組み合わせで、正しくないのはどれか。

A　フィンランド：ノキア、GENELEC、H&M
B　スウェーデン：エリクソン、イケア、テトラパック
C　デンマーク：レゴ、ロイヤルコペンハーゲン、ダニスコ

① A

② B

③ C

④ すべて正しい

Q28

「沖縄マルチビザ」（数次査証）に関する記述で間違っているのはどれか。

① 初めての観光客目的の数次査証の導入である。

② １回目の滞在が沖縄ならその後は日本のどこへでも訪問できる。

③ 対象は中国人に限っている。

④ １回の滞在日数はこれまでの個人観光ビザより短縮された。

A ①

北欧企業に関する問題 ヘネス・アンド・モーリッツ（H&M）は、フィンランドではなくスウェーデンの企業。組み合わせを整理すると、以下の通りである。

フィンランド：ノキア（通信機器）、GENELEC（音響）

スウェーデン：H&M（アパレル）、エリクソン（通信機器）、イケア（家具）、テトラパック（食品用紙容器）

デンマーク：レゴ（ブロック玩具）、ロイヤルコペンハーゲン（陶磁器）、ダニスコ（食品素材）

このほか、イッタラ（フィンランド・食器）、エレクトロラックス（スウェーデン・電気機器）などが知られている。北欧企業は、国内および北欧圏の市場が小さいため、早くから海外市場に進出しなければならなかった。特に電気機器やカメラといった精密機械の技術力が高く、携帯電話などの普及に伴って一気に世界のトップクラスに上り詰めた企業もある。また、スウェーデンやフィンランドは英語教育が盛んで、国民が海外に進出しやすい環境に育ったことも大きい。

A ④

沖縄マルチビザに関する問題 沖縄マルチビザは、観光客誘致、沖縄振興を目的に2011年７月から導入された。観光目的の数次査証は初めて。最初に沖縄を訪問すれば、２回目からは３年間、日本のどこでも訪問できる。１回の最大滞在日数も90日間で、これまでの個人観光ビザの15日から大幅に延長された。同年３月の東日本大震災後に落ち込んだ訪日旅行の需要回復に向け期待がかかっている。ただ、対象となるのは中国人で、しかも「十分な経済力のある」富裕層に限っている。

Q29 日本の世帯状況に関する説明のうち、間違っているのはどれか。

① 世帯人員別で一番多いのは単独世帯（一人暮らし）である。

② 65歳以上人口で、単独世帯（一人暮らし）の占める比率は女性より男性のほうが高い。

③ 2010年段階で1人世帯、2人世帯、3人世帯はいずれも5年前に比べて増加している。

④ すべての都道府県で1世帯当たり平均人員は減少している。

Q30 合計特殊出生率（1人の女性が生涯に生むとされる子どもの人数）に関する説明で間違っているのはどれか。

① 日本の合計特殊出生率は2006年から10年にかけて、団塊ジュニア層女性の出産増などで、上昇傾向にある。

② 韓国の合計特殊出生率は日本より低い。

③ 日本の合計特殊出生率が2を下回ったのは1980年代以降である。

④ 人口減少を食い止めるには、合計特殊出生率が2.07を上回らなければならない。

A ②

日本の世帯状況に関する問題 2010年国勢調査によると、単独世帯が32.4%、夫婦のみが19.8%、夫婦と子どもが27.9%、一人親と子どもが8.7%で、単独が初めて最大となった。単独世帯は65歳以上人口の16.4%だが、うち男は11.1%、女が20.3%と、女性が高い。これは主に、女性のほうが平均寿命が長いため、夫に先立たれるケースが多いことによる。2010年段階では、1人世帯、2人世帯、3人世帯の数はいずれも5年前に比べて増加している。減っているのは4人以上の世帯だ。1世帯当たり人員は山形県が2.94人と最も多く東京都が2.03人と最も少ないが、5年前と比べすべての都道府県で減少している。

A ③

合計特殊出生率に関する問題 厚生労働省の「人口動態統計」によると、2010年の合計特殊出生率は1.39で、09年の1.37から上昇。05年の1.26を底に上昇傾向にある。団塊ジュニア層の駆け込み出産増などがその要因とみられている。国連統計（08年）によると、韓国の合計特殊出生率は1.22で日本より低い。日本の合計特殊出生率が2を下回ったのは1975年からである。人口を維持するには合計特殊出生率は2.07以上でなければならない。

Q31

一国の経済規模を表す国内総生産（GDP）に対し、国民総幸福（GNH）など幸福度や国民の満足度をもっと重視しようという考え方がある。これらの指標に関する説明で間違っているのはどれか。

① 1人当たりGDPが高く、生活が豊かであることは、国民の幸福度にとってもプラスだ。

② 北欧諸国やスイス、アジアではブータンが国民の幸福度の高い国と考えられている。

③ 高い経済成長がもたらすひどい環境汚染や環境破壊は、GNHにはマイナスに働く。

④ GDPが世界で上位の日本は、やはり国民の生活満足度でもトップクラスだ。

Q32

次のエネルギー関連技術のうち、他の3つと明らかに機能が異なるのはどれか。

① ナトリウム硫黄（NAS）電池

② 燃料電池

③ リチウムイオン電池

④ ニッケル水素電池

A ④

国民総幸福(GNH)に関する問題 国内総生産（GDP）は経済活動を客観的に測る経済指標だが、経済活動に伴って生まれる環境汚染や所得格差などのマイナス効果を反映しない、という批判がある。各国の幸福感や満足度を測った調査研究では、健康、教育へのアクセスに加えて、生活の豊かさも、幸福感に影響を与えているという結果が出ている。英レスター大学のホワイト教授が2006年に発表した世界各国の幸福度調査では、トップがデンマークで、スイス、スウェーデン、フィンランドなどが上位を占めた。アジアではブータンが８位に入った。ブータンは第４代のワンチュク国王が国民総幸福量の増大を国の目標とし、国民の幸せを犠牲にしない、身の丈にあった開発を進めたことで知られる。日本は国民の主観的な満足度では先進国の中でも低い部類に属する。

A ②

燃料電池に関する問題 ナトリウム硫黄電池、リチウムイオン電池、ニッケル水素電池はいずれも電気をためる蓄電池。燃料電池は都市ガスや液化石油ガス（LPG）などから抽出した水素と空気中の酸素を反応させて電気を得る発電装置。英国の化学者ハンフリー・デービーが、水の電気分解とは逆の反応で電気を起こす燃料電池の原理を発見したのは1801年と古く、日本では江戸幕府第11代将軍・徳川家斉の治世に当たる。1965年、米宇宙船「ジェミニ５号」に搭載したものが実用化第１号。日本では石油ショックをきっかけに省エネルギー技術の開発を目指した「ムーンライト計画」の一環で研究開発が本格化した。日本の燃料電池開発は世界をリードしており、2009年の家庭用燃料電池「エネファーム」発売は世界に先駆けるものだった。

Q33 東京証券取引所傘下のプロ投資家向け市場「TOKYO AIM取引所」に関する記述で間違っているのはどれか。

① 英ロンドン証券取引所の新興市場をモデルにしている。

② 上場審査や情報開示の基準を厳しくした。

③ 機関投資家などプロ限定だが、一定の条件で個人も売買に参加できる。

④ 上場企業が現れるまでに約２年かかった。

Q34 「B級グルメ」に関する説明として間違っているのはどれか。

① その地域ならではの食材や食文化を生かした料理を指し、地域経済の活性化に貢献すると期待されている。

② 2011年11月に開かれた「第６回B－１グランプリ」では岡山県真庭市の「ひるぜん焼そば好いとん会」がゴールドグランプリ（１位）となった。

③ サッポロビールがB級グルメを活用した家庭向け販売促進策を企画した。

④ 三菱食品がB級グルメにちなんだ販売促進活動をスーパーの店頭で展開した。

A ②

TOKYO AIM取引所に関する問題 AIMは英ロンドン証券取引所の新興市場をモデルに、東証とロンドン証取が共同で設立した。2009年6月に開設。取引参加者を機関投資家などプロに限定しているが、個人でも3億円以上の資産があれば、AIMが指定する証券会社の許可を得て売買に参加できる。上場審査や情報開示の基準を緩和し、東証の新興企業向け市場のマザーズより少ないコストで上場できるようにしている。上場審査や上場後の情報開示など実務は事実上、取引所ではなくAIMが認定した証券会社が担う。2011年7月、創薬ベンチャーのメビオファームが第1号銘柄として上場した。

A ③

B級グルメに関する問題 B級グルメは「ご当地グルメ」ともいわれており、その地域ならではの食材や食文化を生かした料理を指す。郷土料理とは異なり、歴史がそれほどなくても認められることが多い。庶民的な雰囲気があり、価格も手ごろであることが求められる。代表的なものとして静岡県富士宮市の「富士宮やきそば」や青森県八戸市の「八戸せんべい汁」などがある。毎年、B級グルメの祭典として「B－1グランプリ」が開かれ、来場者の投票による人気投票をしている。2011年はソースの代わりにみそだれで焼きあげるやきそばを企画した「ひるぜん焼そば好いとん会」が1位となった。その地域ならではの味を手軽に楽しめることから、消費者の人気も高まっている。食品メーカーもこの点に着目し、B級グルメを活用した販売促進策を練っている。最近ではアサヒビールがB級グルメのセットが当たるくじを付けたビールのカートンを一般家庭向けに売り出した。食品卸大手の三菱食品はB級グルメに使う食材や、これにちなんだ加工食品を集めた売り場を企画し、食品スーパーの店頭を使って展開した。

Q35 イベント型のファッションショー「東京ガールズコレクション（TGC）」に関する記述で適切でないのはどれか。

① 有料チケット制で、バイヤーなど業界関係者ではなく一般消費者が入場できるようにしている。

② 芸術性を追求した作品ではなく、街でそのまま着られる服だけでショーをしている。

③ 入場者はショーに出演するモデルが着ている服をその場で携帯電話から購入できる。

④ 独自色を打ち出すため、大手メーカー、有名ブランドの出品は断っている。

Q36 企業の社会的責任（CSR）戦略に該当しないのはどれか。

① ボランティアを募り、工場近辺の清掃を定期的に行う。

② 障害者の雇用に積極的に取り組む。

③ 外国の災害に義援金を贈る。

④ 有名音楽家のコンサートのスポンサーになる。

A ④

東京ガールズコレクション(TGC)に関する問題 イベント型のファッションショーであるTGCは、それまでのファッション業界の常識を覆す手法で10代から20代の若い女性から多くの支持を集めている。コンサートやお笑い芸人のトークなどを挟みながら、女性雑誌の人気モデルが商品を身にまとってステージを歩く。パリ・コレクションへの「アンチテーゼ」として2005年にスタートした。パリ・コレではバイヤーとメディアが招待されるのが普通で、芸術性やイメージを重視した作品も多く発表される。またバイヤーへの受注会なので商品が客の手元に届くのはショーの数カ月後から半年後になる。TGCには渋谷109系の人気ブランドの「セシルマクビー」なども新作を披露している。

A ④

企業の社会的責任(CSR)に関する問題 企業は、社会とは切っても切れない存在。もちろん本来業務を通じて何らかの形で社会に貢献しているわけだが、CSRと呼ぶ場合は一見その会社の本来業務とは関係ない形で直接地域社会などに損得抜きで会社が取り組んでいる行為を指す。④については通常メセナとも呼ばれ、会社のPR色が強いことが多く、CSRとは区別される。ただ、チャリティーコンサートのような形ならばCSRであるという見方もあり、グレーゾーンだ。

Q37 60歳以上で起業する「シニア起業家」が増えている。シニア起業家に関する説明で適切でないのはどれか。

① 自分の専門分野の技術や経験を独立後に生かす。

② 貯金や退職金などできるだけ自己資金で起業する。

③ 新技術の開発や新しいビジネスモデルなどに挑戦する例はほとんどない。

④ 短期間に事業を軌道に乗せる。

Q38 ノーベル賞受賞者と主な研究テーマの組み合わせで間違っているのはどれか。

① 田中耕一 ―― たんぱく質の質量分析法

② 下村脩 ―― クラゲの発光物質

③ 益川敏英 ―― 素粒子理論

④ 鈴木章 ―― フロンティア理論

A　③

シニア起業家に関する問題　日本政策金融公庫の2010年度新規開業実態調査によると、開業者に占める60歳以上の割合は7.7％と1991年の調査以降で最大だった。過去の取引先や在籍した企業の同僚など幅広い人脈を積極的に活用して起業する事例が目立つ。高効率の太陽光発電システム、インターネットによる生命保険販売など、新技術の開発や新しいビジネスモデルなどに挑戦する例も少なくない。若い世代と比べて時間の余裕がないため、新たな資金の借り入れは極力抑え、短期間で事業を軌道に乗せる例が多いといわれる。

A　④

ノーベル賞受賞者に関する問題　田中耕一氏は島津製作所でたんぱく質の質量を精密に測定する新しい方法を開発した成果が評価され、2002年のノーベル化学賞を受賞した。企業の若手が実用的な成果で受賞したと話題になった。この年には小柴昌俊氏がノーベル物理学賞を受賞している。下村脩氏は発光するクラゲから蛍光たんぱく質を発見、08年のノーベル化学賞を受賞した。この物質はいまや医薬・バイオ研究などで不可欠となっている。日本の研究者が生理学・医学賞を受けたのは1987年の利根川進氏のみだ。益川敏英氏は小林誠氏、南部陽一郎氏と共に2008年のノーベル物理学賞を受賞した。素粒子理論の発展に大きく貢献したのが理由。鈴木章氏は10年に産業界で広く使われている「クロスカップリング」と呼ばれる有機合成法でノーベル化学賞を受賞した。フロンティア理論は1981年にノーベル化学賞を受けた故福井謙一氏の研究テーマ。

Q39

次のすべての項目に当てはまるのはどれか。
・日本国内の登録例は12（2012年1月現在）。
・国際連合教育科学文化機関（ユネスコ）が関わる。
・12世紀建立の中尊寺などで構成される平泉が2011年、認定された。

① 世界ジオパーク

② 世界文化遺産

③ 重要伝統的建造物群保存地区

④ 世界記録遺産

Q40

雇用規制の緩和や再就職支援政策などの実施を通じて、雇用の流動性と社会保障の両立を目指す政策で、1990年代以降デンマークやオランダなどで実施されているのはどれか。

① フレキシキュリティー

② サスティナビリティー

③ ダイバーシティー

④ ワークシェアリング

A　②

世界遺産に関する問題　人類が後世に引き継ぐべき文化、歴史などのさまざまな事象を「遺産」として登録・認定し、保護しようという取り組みが広がりを見せている。ユネスコの世界遺産は「自然」「文化」「複合」の３分類を登録。日本では奥州藤原氏をめぐる建築物や庭園などで構成する岩手県平泉の遺跡群が2011年、世界文化遺産として東京都の小笠原諸島（自然遺産）と共に登録された。「地質遺産」と呼ばれる世界ジオパーク、楽譜や書物が対象の世界記録遺産（世界の記憶）もそれぞれユネスコが関わる事業。これに対して重要伝統的建造物群保存地区（重伝建）は日本国内の市町村が条例で決定した伝統的建造物群保存地区のうち、特に重要性が高いものを国が認定する制度。いずれも観光振興などの面で地域の期待が大きい。

A　①

フレキシキュリティー（Flexicurity）に関する問題　フレキシキュリティーとは、雇用の流動性（Flexibility）と、社会保障（Security）を合わせた言葉。フレキシキュリティーを取り入れている代表的な国であるデンマークでは、①解雇規制が緩く労働者も転職を前向きにとらえる柔軟な労働市場、②失業者に対する手厚い保障制度、③職業訓練など再就職を支援する積極的な労働政策――という３つの要素を実現することにより、欧州連合（EU）諸国の中では比較的低い失業率と高水準な就業率を確保している。日本では、いわゆる「雇い止め」問題を契機に雇用規制の強化を求める声が強まっているが、安易な規制強化はむしろ雇用を悪化させる恐れがあり、新たな雇用政策の考え方としてフレキシキュリティーが日本でも注目されつつある。

練習問題 Ⅳ

知識を知恵にする力

Induction

Q1

次のような商品をその企業にとっての何と呼ぶか。

・コマツの全地球測位システム（GPS）監視機能付き油圧ショベル

・ヤマトホールディングスの「宅配便」

・トヨタ自動車のプラグイン・ハイブリッド乗用車

・オリエンタルランドのテーマパーク「東京ディズニーランド」

① グローバル・ニッチ

② コア・コンピタンス

③ レッド・オーシャン

④ ガラパゴス

Q2

小売業の店頭などに並ぶ商品は客の購買習慣によって最寄品、買回り品、専門品に３分類される。各商品の特性を踏まえたA、B、C、Dに入る正しい組み合わせはどれか。

	最寄品（食料品、日用品）	買回り品（衣料、家具、家電）	専門品（住宅、自動車）
購買頻度	A	中	B
商品回転率	高い	C	低い
粗利益率	低い	D	高い

① A＝低い　B＝低い　C＝低い　D＝低い

② A＝高い　B＝中　C＝高い　D＝やや高い

③ A＝高い　B＝低い　C＝低い　D＝やや高い

④ A＝中　B＝高い　C＝高い　D＝高い

A　②

コア・コンピタンスに関する問題　設問の４つの商品はその企業の看板商品で世界的な競争力があり、市場性も大きいのが特長。これに対してグローバル・ニッチ商品は世界的な商品ではあっても市場そのものは小さい。またレッド・オーシャンは価格競争に巻き込まれ「血で血を洗う商品」。設問の商品は逆に価格競争に巻き込まれないブルー・オーシャン商品といえる。ガラパゴス商品は独自に発達した多機能商品で、設問の４商品は世界市場で汎用性がある点が異なる。そうなるとコア・コンピタンス商品ということになる。コア・コンピタンスとは、他社に真似のできないような核となる自社の強みのこと。G・ハメルとC・K・プラハラードの共著『コア・コンピタンス経営』で広められた考え方で、その会社の培った技術やノウハウ、人材、知名度などさまざまな点がコア・コンピタンスになり得る。自社のコア・コンピタンスをきちんと認識して全社的に浸透させれば、強みを生かした新規事業開拓の発想を生み出すことができ、競争力をより高めることが可能になる。

A　③

最寄品、買回り品、専門品に関する問題　最寄品は食料品、日用品など客が一般的に労力や時間をかけず習慣的に購入する。単価や粗利益率は低く、購買頻度は高いのが普通だ。買回り品は衣料、家具、家電など客が購入する際に品質、デザインなどを比較検討する商品で、最寄品よりも単価は高く季節や流行の影響を受ける。住宅、自動車などの専門品は客が購入努力を惜しまない商品で、高価格で粗利益率も高いかわりに購買頻度は極めて低い。ブランドロイヤルティーやストアロイヤルティーも購買に影響を与える。以上の基本特性が分かれば正解は自ずと導かれる。

Q3

日経平均株価に採用される225社（銘柄）は日本を代表する企業名が並ぶ。この中でA＝自己資本利益率（ROE）の高い企業、B＝自己資本比率が高い企業、C＝海外売上高比率が高い企業の各1位の正しい組み合わせはどれか(各数字は単年度ではなく過去10年間の平均値)。

① A＝ファナック　B＝武田薬品工業　C＝ヤフー

② A＝ヤフー　B＝ファナック　C＝ホンダ

③ A＝キヤノン　B＝TDK　C＝商船三井

④ A＝ホンダ　B＝キヤノン　C＝武田薬品工業

Q4

表は2010年の世界のビール生産量上位国である。（　）に入るのはどこか。この国は10年にロシアを抜いて3位に浮上、キリンホールディングスが10年にこの国の大手ビール企業を買収するなど需要増が見込まれる。

順位	国 名	ビール生産量
1	中国	4,483
2	米国	2,281
3	（　　　　）	1,260
4	ロシア	1,024
5	ドイツ	956

単位：万キロリットル

① 日本

② インド

③ ブラジル

④ メキシコ

A ②

自己資本利益率（ROE）、自己資本比率、海外売上高比率に関する問題 10年間平均のヤフーの自己資本利益率（ROE）は30.2％。ファナックの自己資本比率は87.4％、ホンダの海外売上高比率は81.5％でそれぞれ225社の中でトップ。ヤフーは設備投資などの比較的少ない業態のうえ、1日平均15億以上の閲覧数があるポータルサイトからの収入が中心で自己資本に対して利益額が多くなる。ファナックは数値制御装置の世界シェアが約半分を占める高収益企業で、現預金が5000億円と年間売り上げの2倍にも積みあがる。借入金はゼロで、この結果、自己資本比率は9割に近い。ホンダは二輪車販売で世界首位。特に需要が急増しているアジアなど新興国で強い。二輪で培ったブランド力で世界中に乗用車を販売し、海外売上高は8割を超えている。

A ③

世界のビール生産上位国に関する問題 数字はキリン食生活文化研究所のまとめ。世界主要国の2010年のビール生産量は前年比2.2％増の1億8562万キロリットル。26年連続で増加した。中でも首位の中国や3位のブラジルなどBRICsでの需要増加が著しい。日本は少子化や若者のビール離れで2.4％減の585万キロリットルと7位だった。キリンホールディングスが10年8月、ブラジル2位のビール大手スキンカリオール・グループの発行済み株式の50.45％を約2000億円で取得し、その後、株式を100％取得し完全子会社化したのにはこうした背景がある。スキンカリオール社は「ノヴァ・スキン」「デバッサ・ベムローラ」などのビール事業を展開し、ブラジルでの国内シェアは15％。国内に13工場があり、全国に販売網を持っている。清涼飲料でも炭酸飲料分野で同3位のシェアを占めるという。2010年12月期の連結売上高は約2850億円、純利益は27億円。

Q5

次の国別保有ランキングが示すものはどれか。

順位	国名
1	米国
2	インドネシア
3	日本
4	フィリピン
5	メキシコ
6	アイスランド
7	ニュージーランド
8	イタリア

① 金

② コメ

③ シェールガス

④ 地熱資源

Q6

次の米国企業はどれか。

・1878年発明王、トーマス・エジソンが設立した。
・1906年に米国の株価指数、ダウ指数が導入されて以来、採用され続けている唯一の会社。
・米国企業では珍しく歴代の最高経営責任者（CEO）9人はすべて生え抜きばかり。

① ゼネラル・モーターズ（GM）

② ゼネラル・エレクトリック（GE）

③ キャタピラー

④ ダウ・ケミカル

A　④

地熱資源に関する問題　ランキング上位の国に共通するのは活火山の多いこと。したがって正解は地熱資源量となる（ランキングは産業技術総合研究所の資料などから作成）。インドネシアは146もの活火山があり、地熱資源量は2779万キロワットと首位の米国の3000万キロワットに迫る。経済の成長で恒常的な電力不足に悩むインドネシアは原子力発電に加えて純国産の再生可能エネルギーとして地熱発電にアクセルを踏む。2025年には現在の8倍に当たる950万キロワットを地熱で生み出す計画だ。火山地帯に列島が位置する日本は2347万キロワットで世界3位の地熱資源国だ。しかし、地熱発電能力となると日本は53万キロワットで世界8位に後退する。発電能力でも首位は米国で309万キロワット。2位はフィリピンで190万キロワット。

A　②

ゼネラル・エレクトリック（GE）に関する問題　1981年から2001年まで最高経営責任者（CEO）を務めたジャック・ウェルチ氏は20世紀最高の経営者と呼ばれ、日本でもおなじみ。同氏はGEの各事業部門をシェア首位など競争力のあるものに限定する戦略的ポジショニング変更を大胆な事業売却と企業買収を通じて行ったほか、米国の経営者には珍しく現場を重視し、現場改善の品質管理の手法「シックス・シグマ」を全社に広めた。シックス・シグマは日本の製造業のQC（品質管理）活動をお手本に統計的管理手法を取り入れたもので米モトローラが開発したが、GEによって知られるようになった。品質のばらつきを抑え100万回の作業で不良品が出る確率を3、4個に抑えるという目標からきている。

Q7

次の東証１部上場の大手企業の2011年３月期の業績・財務内容から判断して三菱商事（米国基準）はどれか。単位は億円、自己資本比率は%。残りの３社もすべて実在する企業である。

① 売上高＝189936　営業利益＝4682
有利子負債＝124010　自己資本比率＝34.7

② 売上高＝52068　営業利益＝3161
有利子負債＝43142　自己資本比率＝28.9

③ 売上高＝25373　営業利益＝3450
有利子負債＝23754　自己資本比率＝25.7

④ 売上高＝14193　営業利益＝3670
有利子負債＝13　自己資本比率＝75.1

Q8

次は日本人ビジネスマンの長期滞在数が多い国・地域のランキングである。(　　)に入るのはどこか（2009年10月時点の外務省調べ）。

順位	国・地域	人数（人）
1	中国	69445
2	米国	52624
3	(　　　　)	20928
4	シンガポール	9095
5	英国	8151
6	台湾	7522

① ベトナム

② ブラジル

③ タイ

④ マレーシア

A ②

大手商社の財務内容に関する問題 日本の有力企業の規模や財務体質を問う問題。①は売上高が18兆円を超える日本の売上高ナンバーワン企業。これは世界のリーディング産業である自動車市場でシェア首位を競うトヨタ自動車以外にありえない。④は売上高利益率が極めて高い高収益企業だが、規模に対して負債が少ない。こういう業種は国際的に展開する大手医薬品メーカーの特徴で武田薬品工業だ。正解は②か③となるが総合商社は海外での資源開発などで多額の有利子負債を抱えることを考えると②となる。ちなみに③は東日本旅客鉄道。

A ③

日本人の長期滞在者が多い国に関する問題 日本人の長期滞在者のうち民間企業勤務者のランキングである。多い国・地域は当然ながら日本企業の海外工場などが多いところとなる。しかも産業の裾野が広く関連産業を含めた雇用者数が多い産業であることから自動車メーカーの立地する国・地域が想定される。そうなるとタイが浮かび上がる。タイには約7000社の日系企業が進出。日産自動車が小型戦略車マーチの世界生産拠点としたほか、三菱自動車も2012年から次世代小型車を生産、日本に逆輸出する拠点工場を開設する。トヨタ自動車、ホンダも自動車工場を構える。完成車メーカーの工場が動き出せば、自動車部品メーカーも工場進出するため日本人の長期滞在者が増えることになる。

Q9

日本の産業界は円高、高い法人税率、自由貿易協定の遅れによる高い関税率など「6重苦」に直面しているといわれる。一方、世界の工場に躍り出た中国の製造業も「3荒」といわれ、3つの不足に苦労している。中国の製造業を苦しめる3荒の正しい組み合わせはどれか。

① 労働力、資金、電力

② 生産性、資金、IT（情報技術）

③ 政府の支援、電力、二酸化炭素（CO_2）削減のための環境技術

④ 学力、労働力、従業員の健康

Q10

次の数字は世界と日本の発電用資源の構成比である。資源A～Dの正しい組み合わせはどれか。データは2009年、国際エネルギー機関による。

	世界	日本
A	40.3	26.7
B	21.4	27.2
C	16.5	7.8
D	13.4	26.7

（単位：%）

① A＝原子力　B＝石炭　C＝石油　D＝水力

② A＝石炭　B＝天然ガス　C＝水力　D＝原子力

③ A＝石油　B＝原子力　C＝水力　D＝石油

④ A＝石炭　B＝天然ガス　C＝原子力　D＝風力

A ①

中国の「3荒」に関する問題 荒（ファン）は不足している、確保に苦労していることを表す言葉。現在の中国製造業は3つの荒に苦しんでいるといわれる。中国語の「用工荒」「銭荒」「電荒」で、それぞれ労働力、資金、電力の不足を示す。中国は安価な労働力を武器に沿海部で製造業を発達させ、世界の工場に上りつめた。しかし、最近は内陸部の成長で出稼ぎ労働者が減少、一人っ子政策の影響もあり、工場労働を嫌う若者が増え、労働力の不足が表面化しつつある。政府がインフレ抑制のために金融引き締めを強化したため、中小企業を中心に資金繰りも悪化。さらに、2011年は発電用石炭の価格高騰などを背景に電力供給に不安が起きている。

A ②

世界と日本の発電用資源に関する問題 世界全体の発電用資源としては中国、インドなどの途上国を中心に石炭が主に使われている。発電用資源としては中国では8割、インドでは7割が石炭だ。石油に比べてコストも安く資源量も膨大。ただし石油に比べて熱量が小さいうえ、大気汚染物質や二酸化炭素（CO_2）の排出が多いのが欠点だ。このため日本では石油や石炭から天然ガスへの代替が進んでいる。日本の場合、発電用資源では天然ガスが1位、これに原子力、石炭が続く。世界全体では2位の天然ガスだが、シェールガスという非従来型の天然ガスが米国やポーランドなどで続々と開発されており、CO_2排出量も少ないことから原子力発電の代替エネルギーとして今後、最も増える可能性が大きい。

Q11

日本の人口動態から考えて65歳以上の高齢者の人口比率が最も高い都道府県（A）と、最も低い都道府県（B）の組み合わせで正しいのはどれか。2010年国勢調査から。

① A＝秋田県　B＝沖縄県

② A＝東京都　B＝山形県

③ A＝埼玉県　B＝山口県

④ A＝島根県　B＝神奈川県

Q12

再生医療の切り札として期待されるiPS細胞の発見者、山中伸弥京都大学教授は日経ビジネス（2011年10月10日号）誌上で「日本の科学技術者は研究者として重要な素養を備えている。間違いなく世界一です」と語った。山中教授が日本の研究者の強さの素養として挙げた４つの正しい組み合わせはどれか。

① 器用さ、勤勉さ、創意工夫、チーム力

② 資金力、勤勉さ、創意工夫、個人の突破力

③ 資金力、社会的地位の高さ、発明者への称賛、個人の突破力

④ 器用さ、勤勉さ、知的財産権をおさえる体制、政府の助成

A ①

日本の高齢化率に関する問題 日本の高齢化率（65歳以上の高齢者の全人口に占める比率）の全国平均は23.0％。一般に東京など首都圏は人口増加が続いており学生数や労働人口も多く、相対的に高齢化率は低い。逆に人口が流出し、仕事の少ない過疎地ほど高齢者の比率が高くなる。これらを踏まえれば、正解は導き出せる。選択肢の中ではまず①と④がこれに当たる。秋田県の高齢化率は29.6％で最高。島根県は29.1％で２位。逆に神奈川県は20.2％で沖縄（17.4％）の次に若い。沖縄県の高齢化率が低いのは出生率が日本一高いほか、若者を中心とする人口流入のためだ。沖縄以外では人口流入が見られるのは首都圏、近畿圏、中京圏などの３大都市圏の都道府県が大半だ。

A ①

日本の研究者の強さに関する問題 山中教授は日本でノーベル生理学・医学賞に最も近い研究者といわれる。その山中教授が挙げた日本の研究者の強みは器用さ、勤勉さ、創意工夫、チームで取り組む力（協調性）など。逆に足りないものとしては「日本では研究者の地位があまりに低い」こと、「研究者の中に稼ぐことを罪悪視する風潮があること」など。また大学が発明をしてもそれを実用化や知的財産権にまで持っていくプロのサポートスタッフがいないことも挙げている。大学で発見した知見を社会に還元していくために産学連携が必要で、前提として大学自体が特許を持つことの必要性を訴えている。

Q13

ある東京証券取引所1部上場企業が有価証券報告書の中で投資家に開示した「事業上のリスク」の一部である。この会社はどれか。

・新製品の開発が途中で断念に追い込まれた場合
・製品から予期せぬ副作用が発見された場合
・ロシュ社との戦略提携における合意内容が変更された場合

① 花王

② 中外製薬

③ アステラス製薬

④ 富士フイルムホールディングス

Q14

経済産業省の「産業構造ビジョン2010」の中で同省は『日本の産業は（　　）の１本足打法型産業経済』と欠点を指摘している。カッコ内に入る産業はどれか。

① 家電

② 半導体

③ 自動車

④ 金融

A ②

事業上のリスクに関する問題 この会社の事業遂行上のリスクからは、開発中の新製品が中途で開発断念に追い込まれるようなかなりリスクの高い商品であること、また予期せぬ副作用が出る可能性から医薬品であることが推察できる。選択肢の中の企業で医薬品を手がけているのは中外製薬、アステラス製薬、富士フイルムホールディングスと３社あるが、このうちスイスのロシュと提携関係があるのは中外製薬だけ。ロシュは中外の約６割の株式を所有する親会社で、両社はがん領域などでさまざまなパイプライン（新製品候補）を抱えている。ロシュとの提携が解消されるような事態が起きれば中外製薬にとって死活問題といえる。

A ③

自動車依存の日本経済に関する問題 日本の貿易収支などに直接影響を与える産業は自動車産業だ。1990年代までは電機と自動車が２本柱だったが、電機は韓国などに国際競争力で敗れデジタル家電の貿易収支は2010年には赤字に転落。それに対して自動車は部品や鉄鋼、タイヤ、ガラス、半導体などの素材を含めて産業の裾野が広く、雇用者も多い。トヨタ自動車など世界をリードする企業も多く、文字通り日本の産業の屋台骨となっている。しかし、あまりに自動車産業への依存度が高いのが欠点ともいえる。リーマン・ショックや東日本大震災、タイの大洪水のような不測の事態が起きて自動車の輸出や生産が止まると、日本経済全体に深刻な影響が及ぶ。そこで自動車頼みの一本足打法型ではなく、峰を連ねる八ヶ岳のようにいくつもの産業が重層的に日本経済を支える「八ヶ岳型」の産業構造でなくてはならない、と同ビジョンでは指摘している。

Q15

電通は新しい生活者の消費行動モデル仮説をSIPSとして公表した。SIPSは共感（Sympathize）、確認（Identify）、参加（Participate）、共有・拡散（Share & Spread）からなる。この理論の背景になったのはどれか。

① 少子高齢化の進展

② 男性消費者の草食化

③「おひとりさま」の増加

④ ソーシャルメディアの普及

Q16

2010年の生産枚数が12年ぶりに前年を上回り、2011年に入っても販売量が回復傾向にあったのはどれか。以下の3つのキーワードを参考に考えよ。

・投票券
・廉価
・ボックスセット

① 邦楽CD

② 洋楽CD

③ 邦画DVD

④ 洋画DVD

A ④

SIPSに関する問題 従来の消費者行動モデル仮説としてはAIDMAがあった。米国のローランド・ホールが提唱した「消費行動」の仮説である。これは消費者がまず注意をし（Attention）、関心を抱き（Interest）、欲しいと思い（Desire）、強く心に記憶し（Memory）、購入する（Action）というプロセスをとるという行動仮説だ。インターネットの普及を背景に電通はAIDMAを発展させて2004年にAISASの行動仮説を発表した。これはAttention、Interestまでは同じだがその後に、Search（検索）、Action（購入）、Share（評価の共有）が来るなど買い物におけるネットの役割を重く見ている。SIPSはさらにネットの中心がブログなどのソーシャルメディアに移行したのを織り込んで開発した新モデル理論だ。

A ①

邦楽CDの回復に関する問題 レコード会社の業界団体、日本レコード協会によると、国内レコード会社が録音した邦楽CDの2010年の生産枚数は１億6495万枚で前年に比べて２％増えた。生産枚数が前年を上回るのは12年ぶり。ただし、金額ベースでは前年比５％減だった。2011年は１億5769万枚で前年比４％減だったが、１～８月は累計生産枚数が前年同期比18％増と回復傾向が持続した。生産枚数が回復した背景には、人気アイドルグループAKB48やいきものがかり、嵐などの活躍がある。AKB48では、シングルCDに参加するメンバー選びに参加できる投票券付CDが話題を呼んだ。このほか、現在、過去の人気アーティストの廉価版の発売や、未発表曲・DVDが付いた複数枚入りのボックスセット、写真集など特典付き商品などが販売増につながった。

Q17 コモディティー（汎用品）化という観点から製品分類した場合、現時点で分類から外れるのはどれか。

① 液晶テレビ

② 電卓

③ パソコン

④ 電気自動車

Q18 以下の３つと最も関係の深い電子マネーはどれか。

・駅ソト
・ペンギン
・地域の壁

① エディ

② スイカ

③ ナナコ

④ ワオン

A　④

コモディティー(汎用品)化した製品に関する問題　コモディティーとは、狭義では原油やゴム、トウモロコシなど商品取引市場で日々、国際的に取引される資源・原材料・農産物を指す。いずれも生活の基礎となる市況商品であるため、相場（価格）動向が最大の関心事になる。そこから、消費者の製品カテゴリー全体（全社の製品）への信頼度が高まり、品質や機能、デザイン、メーカーブランド力といった製品の個性的側面への要求が薄れて、消費者が主に価格の安さで購買を決めるようになった製品のことをコモディティー(汎用品）化した製品と呼ぶ。メーカーの勝負所は価格＝コスト競争力に絞られ、生き残りのために、激しい消耗戦や業界再編劇が繰り広げられる。電卓、パソコン、液晶テレビはコモディティー化の波に飲み込まれた製品。

A　②

電子マネーに関する問題　主な電子マネー(前払い方式）には、運営主体が流通会社系の「ナナコ」と「ワオン」、交通会社系の「スイカ」、「パスモ」、「イコカ」、ネット企業系の「エディ」などがある。2011年11月に登場から10年を迎えた「スイカ」(キャラクターはペンギン）の運営主体は東日本旅客鉄道（JR東日本)。当初の利用は電車の乗り降りだけだったが、電子マネー機能の追加で駅の外（ソト）の16万店で買い物や飲食などに利用できるようになり、さらに加盟店の拡大を進めている。ただ、JR系なので事業展開が原則、路線のある営業エリアという制約（地域の壁）があり、全国的に自由な加盟店開拓がしにくい側面がある。

Q19 商品購入の動機が共通している商品を集めた。一つだけ外れるのはどれか。

① 社員食堂のメニューを基にしたレシピ本

② 地下鉄駅の自動販売機で売られるバナナ

③ ショウガが入った清涼飲料や酒類

④ ご当地グルメ「Ｂ－１グランプリ」の商品

Q20 次の４つのキーワードと最も関係の深い企業行動はどれか。

・新興国の成長
・投機マネー
・天候異変
・ジャスミン革命

① 双日などがアンゴラで肥料原料製造プラントを建設する。

② 三井物産がモザンビーク沖でガス田を探鉱する。

③ 住友商事が南アフリカで鉄鉱石・マンガン鉱石を生産する。

④ 丸紅がガーナでメタノール工場の事業化調査をする。

A ④

健康志向の商品に関する問題 健康機器メーカー、タニタ（東京）が社員食堂で提供する500キロカロリー前後の定食類のレシピをまとめた『体脂肪計タニタの社員食堂』シリーズは続編と合わせて累計420万部を突破した。都心の地下鉄の駅の自動販売機で売られるバナナは、健康のために朝食抜きを避けたり、ダイエットに気遣ったりする若い男女のビジネスパーソンが主に購入する。体の代謝を促進する健康素材として注目されているショウガの入った清涼飲料や酒類は、女性に多い冷え性の緩和や冬場の血行向上などの健康効果を狙ってメーカー各社が発売した。これらはいずれも、消費者が健康志向から購入している商品。一方、ご当地グルメ「Ｂ－１グランプリ」の商品は、全国各地の地元産品を使ったＢ級グルメ。おいしさを競った商品で、購入者は健康志向第一で選んでいない。

A ①

大手商社のアフリカ市場開拓に関する問題 世界的な人口増により食料需要が高まっている。中南米、アジア、アフリカでの需要が大きい。背景には新興国の成長もある。旺盛な消費需要に加えて、投機マネーの流入や主要生産国での天候異変が価格高騰に拍車をかける。チュニジアでの政変（ジャスミン革命）の背景には高い失業率と食料価格の高騰があった。農産物の効率的な生育に肥料が欠かせない。国連食糧農業機関（FAO）の予測では、世界の肥料需要は2011年の１億7570万トンから15年には１億9000万トンに拡大する見通し。同機関の予測では今後40年間に世界の農業生産を70％増やす必要があるという。大手商社は世界的な食料増産の動きをとらえて、長期安定の収益源として、肥料原料プラントの建設や肥料の生産・販売など関連事業を拡大しており、食料増産需要が大きい地域での拠点建設を競っている。

Q21

3つのキーワードの組み合わせから、それぞれの製品の需要構造を考えた場合、分類上、同一グループから外れるのはどれか。

① 食生活改善 —— ビール —— ノンアルコール飲料

② 原発事故 —— エアコン —— 灯油ストーブ

③ 食料価格高騰 —— バター —— マーガリン

④ 円高 —— 海外旅行 —— 家庭用ゲーム機

Q22

以下のすべての製品と関係が最も深い企業はどれか。

- **最新鋭旅客機**
- **発熱保温肌着**
- **家庭用浄水器**

① 富士フイルム

② 東レ

③ パナソニック

④ ホンダ

A ④

代替品需要に関する問題 社会的事象を背景にした代替品需要の構造から製品をグループ分けした。ノンアルコール飲料は飲酒派から非飲酒派まで時や場所、目的に応じて市場が拡大している。飲酒派では、酒量が落ちてきた健康志向の中高年層が食生活改善のためにビールなどの代替品として利用している。原発事故による停電への備えや節電意識の高まりにより、エアコンの代替品としての石油ストーブやガスストーブの需要が高まった。食料価格高騰はバターの代替品としてのマーガリンの需要を拡大させた。円高 —— 海外旅行 —— 家庭用ゲーム機については、ほかの３つの選択肢と同様の明確な代替品需要構造はない。

A ②

炭素繊維に関する問題 炭素繊維は特殊なアクリル繊維を高温で焼いてつくる繊維で、鉄に比べて重さが４分の１、強度は10倍。東レは国内市場（2010年度、出荷額ベース）で75％のシェアを持つ。最新鋭旅客機ボーイング787には“準国産”と呼べるほど日本の部材・部品が多く使われているが、構造重量の50％を占める炭素繊維複合材料を一手に供給しているのが東レだ。同社は2006年に「ユニクロ」のファーストリテイリングと戦略的なパートナーシップを締結、マーケティングと製品開発の二人三脚で発熱保温肌着「ヒートテック」などの大ヒット商品を次々と生み出した。きれいな水に対する消費者の需要が一段と高まっているが、東レは国内最大手として「トレビーノ」ブランドで浄水器を展開している。

Q23

パソコンや高機能携帯電話などの普及でコミュニケーションメディアが多様化した現在、企業の「販売促進3点セット」と表現した場合に3点セットに入らないのはどれか。

① マスメディア

② 自社メディア

③ ソーシャルメディア

④ スマートメディア

Q24

次の表は2010年末の主要国・地域・機関の公的金保有量ランキングである。日本は2007年末の第7位から9位に下がった。日本を抜いたA国とB国の組み合わせで正しいのはどれか。データはワールド・ゴールド・カウンシル(WGC)。

1位　米国	6位　A
2位　ドイツ	7位　スイス
3位　国際通貨基金（IMF）	8位　B
4位　イタリア	9位　日本
5位　フランス	10位　オランダ

① A＝中国　B＝ロシア

② A＝英国　B＝ブラジル

③ A＝インド　B＝中国

④ A＝ロシア　B＝インド

A ④

ソーシャルメディアに関する問題 パソコンやスマートフォン（高機能携帯電話）の普及を背景に、交流サイト（SNS）の「フェイスブック」やミニブログの「ツイッター」といったソーシャルメディアが企業の広告宣伝戦略に幅広く取り入れられるようになった。従来の新聞やテレビなどのマスメディア、企業独自のウェブサイトなど企業が自ら情報発信する自社メディアに新たに登場したソーシャルメディアを加えた３つのメディアを、目的に応じていかに使いこなすかが企業の販売促進戦略で重要になった。日本コカ・コーラはこれらのメディアをフルに活用しており、自社製品にちなんだ販促を展開する会員サイト「コカ・コーラパーク」は会員数が約1000万人に達する。スマートメディアはデジタルカメラなどのデータ保存に使うメモリーカードの先駆け製品。

A ①

公的金保有（金準備）に関する問題 公的金保有（金準備）とは世界各国が保有している金で、為替変動や国際収支の最終的な決済などに備えた外貨準備資産の一つ。2010年末に日本は08年末の７位から９位に転落した。日本の保有量に変化はないが、新興国の中国とロシアが大幅に増やしており、日本を追い抜いた。日本はドルの信認が低下するなか、ドル建て資産の米国債を大量に保持し続けている。中国とロシアは経済成長で獲得した豊富な外貨準備を使って金を積極的に購入し、米国債の保有比率を下げたと見られている。公的金保有は中国が08年末に比べて76％、ロシアは56％とそれぞれ大幅に増やした。基軸通貨のドルやギリシャなどの債務問題が長引く欧州のユーロの信認が揺らぐなか、無国籍通貨としての金の価値が高まった。

Q25

Aさんはボランティアグループの責任者だ。スタッフにさらに熱心に活動してもらううえでAさんが採るべきこととして最も不適切なのはどれか。

① 評価する

② 感謝する

③ 助言する

④ 金銭を与える

Q26

次のグラフは2000年度の日本の科学技術研究費のうち特定目的のために使用した研究費の割合を示したものである。グラフ中の4分野の中で、10年後の2010年度にシェアが減少しているのはどれか。データは総務省の2011年科学技術研究調査。

特定目的別研究費の内訳（2000年度）

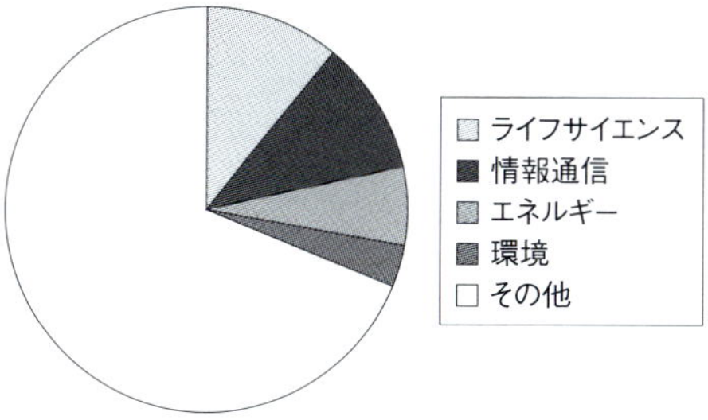

① ライフサイエンス

② 情報通信

③ エネルギー

④ 環境

A ④

モチベーションに関する問題 ボランティアが金銭的な報酬を得ると、むしろやる気を失くすという研究結果がある。ボランティアに参加する人はお金を期待せず、「人や社会の役に立ちたい」など利他的な動機が要因になっている。そのため、スタッフにさらに熱心に活動してもらうためには、活動を評価し感謝することが重要となる。必要に応じアドバイスすることも有効といえよう。ただ最初から報酬としてお金を与えるようにしていると、「やらされている」という意識が高まり、やる気を減退させてしまうことのほうが多いという。

A ③

日本の科学技術研究費に関する問題 総務省がまとめた2011年科学技術研究調査によると、10年度の日本の科学技術研究費は17兆1100億円で、国内総生産（GDP）に対する研究費の比率は3.57％。特定目的のために使用した研究費を見ると、ライフサイエンスが２兆7440億円（研究費全体に占めるシェアは16.0％）、情報通信が２兆4220億円（同14.2％）、環境が１兆379億円（同6.1％）、エネルギーが9563億円（同5.6％）だった。シェアを2000年度と比べると、エネルギー分野のシェアが低下し、環境分野が抜いた。大学や企業で環境分野の研究が進んでいることがうかがえる。11年３月末現在の日本の科学技術研究者数は84万2900人と過去最高で、10年連続の増加となった。女性研究者数も12万3200人と過去最高。

Q27

以下は特定の顧客に向けたスーパーの取り組みだ。その顧客はどれか。

・購入した商品の宅配
・高品質の食品の拡充
・介助士の配置

① 若い専業主婦

② 単身赴任の男性

③ 高齢者

④ ワーキングマザー

Q28

経済産業省は2011年11月、20年までに国内消費15兆円、雇用390万人の創出を目指す経済ビジョンをまとめた。重要産業を3つに絞り込んでいるのが特徴だ。その産業に該当しないのはどれか。

① 医療・子育て

② エネルギー

③ 農業・食品

④ 教育

A ③

高齢者を取り込むスーパーに関する問題 首都圏のスーパーが高齢者向けのサービスを強化している。店舗での買い物を手伝う介助士の民間資格を持った社員を増やしたり、高齢者に配慮した表示を設けたりとさまざまな工夫を凝らす。高齢者の中には日々の暮らしで買い物に困っているケースも多く、こうした需要を取り込もうというスーパーの試みが広がっている。マルエツは特定非営利活動法人（NPO法人）が認定する民間資格「サービス介助士２級」を持つ社員を完備する。介助士は店に来た高齢者の荷物を持ったり、商品の詳細な説明をしたりして買い物を補助する。自宅まで商品を届ける取り組みも広がっている。スーパーバリュー（埼玉県上尾市）は近隣に高齢者が多い都内５店舗で宅配サービスを取り入れた。210円の宅配料で購入商品を３時間以内に自宅に届ける。

A ④

経済産業省の経済ビジョンに関する問題 経済産業省は2011年11月、2020年までに国内消費15兆円、雇用390万人の創出を目指す経済ビジョンをまとめた。医療・子育て、エネルギー、農業・食品などを重点産業と位置付け、規制緩和や税制優遇を実施して産業空洞化に歯止めをかける狙いだ。国内の潜在需要の掘り起こしと外需の取り込みを成長につなげる内容で、重要産業を３つに絞り込んでいるのが特徴だ。具体的には健康・子育て関連サービス、医療機器など「医療・子育て産業」、スマートコミュニティー関連・省エネ機器など「エネルギー産業」、コンテンツ、観光、農業など「クリエーティブ産業」の３つ。３分野で集中的に政策を実施すれば、国内生産額を約36兆円押し上げるほか、実質国内総生産（GDP）成長率は11～20年度の平均で1.5％を実現すると見込む。

Q29

2011年のヒット商品のキーワードとして最も適切なのはどれか。

① 目指せワンランク上

② 節約志向が蔓延

③ 結びついて力に

④ アナログの逆襲

MJ 2011年ヒット商品番付

東		西
アップル	横綱	節電商品
アンドロイド端末	大関	なでしこジャパン
フェイスブック	関脇	有楽町（ルミネ、阪急メンズ・トーキョー）
ミライース＆デミオ13-スカイアクティブ	小結	九州新幹線＆JR博多シティ
「東北応援」	前頭	ソーシャルゲーム
謎解きはディナーのあとで（小学館）	同	芦田愛菜
ノンアルコール飲料	同	カップヌードルごはん（日清食品）
ロキソニンS（第一三共ヘルスケア）	同	ビオレスキンケア洗顔料（花王）
コンビニ移動販売	同	コンビニ総菜

（注）番付はこの1年間の消費動向や売れ行きなどを基に担当記者がランク付けした。前頭は抜粋

Q30

1600以上のブランドが集積する衣料品通信販売サイト「ゾゾタウン」は、服は成功しないとされてきたインターネット通販の常識を打ち破り急成長した。同サイトの特徴でないのはどれか。

① 返品制度

② 安値保証

③ きめ細かな商品検索

④ 実店舗と同時に新作を発売

A ③

ヒット商品番付に関する問題 東日本大震災は消費者が生活を見つめ直す契機となった。一時は自粛ムードによる閉塞感も漂ったが、人々が家族や知人、地域、そして世界との結びつきを強く意識したことは消費に新たな潮流を生み出した。同年の日経MJヒット商品番付（日本経済新聞2011年12月7日付朝刊1面）の横綱は「アップル」と「節電商品」。情報端末の活用や節電への協力を通じ、他者と結びつこうとする力が市場を創った。東の横綱はアップル。米IT大手が切り開いたスマートフォン（高機能携帯電話）やタブレット端末の市場は、一段と拡大した。東の大関「アンドロイド端末」も消費者のネットワーク化をさらに促した。実名での交流の場を提供した交流サイト（SNS）「フェイスブック」が東の関脇。近況を報告し合うだけでなく、震災時には安否情報の確認にも使われ認知度が高まった。

A ②

衣料品通販サイト「ゾゾタウン」に関する問題 「衣料品のインターネット通販は成功しない」。この“常識”を覆したのが衣料品通販サイト「ゾゾタウン」を運営するスタートトゥデイだ。力を入れたのが検索機能の拡充だ。「こだわり検索」と呼ぶ機能では、商品を価格や在庫だけでなく、柄や素材ごとに絞り込める。衣料品は同じMサイズでもメーカーによって実際の大きさが異なるため、サイトには自社で採寸し直した数字を掲載。利用者は自分の体形にあった商品を的確に探せるようになった。2011年4月からは返品受け付けサービスを始めた。利用者が増えれば、出店するブランドも増える。ゾゾタウンにはユナイテッドアローズやオンワードホールディングスなど1600以上のブランドが集積し「日本最大級のファッション通販サイト」になった。人気ブランドの新作は実店舗に並ぶと同時に購入できる。

Q31

大手飲料メーカー各社は自動販売機ルートをテコ入れするため、次のような狙いを持つ新たな自販機を拡充することにした。自販機が持つ機能はどれか。

・売り上げアップ
・利用者の利便性向上
・顧客データの収集

① 電子マネー「スイカ」で決済可能

② 値引き販売

③ １万円札が使える

④ 節電効果が高い

Q32

最近見られ始めたお酒の飲み方、お酒との関わり方に該当しないのはどれか。

① 女子会・女子飲み

② ノンアル

③ 家飲み

④ イッキ飲み

A ①

飲料メーカーの自動販売機戦略に関する問題 大手飲料メーカー各社が自動販売機に電子マネー「スイカ」の決済機能を本格導入する。2012年春をメドに首都圏の自販機約１万台を切り替え、早期に３万～５万台に搭載する。首都圏で最も普及する電子マネーの導入で利便性を高め、売り上げ増を目指す。スイカへの対応で販売・顧客情報をマーケティングに活用できるようになる。販売数量が長期低迷する自販機事業のテコ入れを図る。取り組むのはアサヒ飲料や伊藤園、サントリーホールディングスなど大手飲料メーカー。利用者はスイカのICカードや携帯電話の「おサイフケータイ」による自販機での支払いができ、決済時間の短縮や現金がいらなくなる。飲料メーカーは新規顧客の獲得などによる自販機の売り上げ増が見込める。試験的に導入したメーカーでは、スイカ対応後は１割程度の売り上げ増効果があったという。

A ④

お酒の新しい楽しみ方に関する問題 女性だけで集まって盛り上がる女子会、女子飲みが増えている。男性の存在を気にせず、楽しめるというのが理由。女性だけの集まりには特典を付けるなど「女子会プラン」を打ち出す飲食店は増えている。特に若い層の間で進んでいるのがアルコール離れ。ビールやワインの味わいを持ったノンアルコール飲料市場が拡大している。ノンアルコール飲料だけを出す宴会プランを用意する居酒屋もある。不況を背景に、また東日本大震災後に広がったのが家飲みだ。居酒屋業界不振の大きな要因の一つとされる。缶ビールを飲食店で出される生ビールのように注ぐキットなど、こうしたトレンドに対応したヒット商品も出ている。イッキ飲みは昭和の時代の産物。

Q33 新しい働き方に関わるツールとして異質なのはどれか。

① クラウドコンピューティング

② スマートフォン（高機能携帯電話）

③ 電源カフェ

④ デスクトップパソコン

Q34 ビジネスパーソンの勉強に関わるもので異質なのはどれか。

① 有料自習室

② 勉強カフェ

③ 書斎

④ 会員制有料図書館

A ④

新しい働き方に関わるツールの問題 米国では会社の机に縛られず、どこでも仕事をできる環境を持ったノマドワーカーが増えている（ノマドは遊牧民の意）。スマートフォン（高機能携帯電話）やタブレット端末を持ち運び、必要な情報はクラウドで引き出す。移動するため重いデスクトップパソコンは不向きだ。日本にもそうした仕事のスタイルを志向する人が増えている。IT（情報技術）環境が整ってきた一方、東日本大震災も契機になっている。2011年後半、節電対応で多くの企業が仕事の進め方を見直した。自宅で仕事をする「テレワーク」などが予想した以上に効果的だったためだ。

A ③

外で勉強するビジネスパーソンに関する問題 自宅ではなく、外で勉強するビジネスパーソンが都心部で増えている。有料自習室や勉強カフェといったサービスがこうした人たちの受け皿だ。オフィスビルの空き室対策にもなるとして、開設する業者は増えている。背景には不況に対応するため、資格取得や大学院進学によりキャリアを磨こうという人の増加がある。「家でなく外で」というのには、「家では集中できない」「気分を変えたい」などさまざまな理由があるようだ。

Q35

スーパーAの商圏には下記の特徴がある。顧客を獲得するうえで、店長Bさんが最も避けたほうがいいのはどれか。

・比較的裕福な世帯が多い。
・多くの女性は仕事を持つ。
・一人暮らしの世帯が増えている。

① 野菜の量り売りをする。

② チラシで安さを訴求する。

③ 日替わりのできたて総菜を強化する。

④ 肉を注文に応じ焼き上げる。

Q36

次の３つと最も関係の深い現象はどれか。

・人民元相場を維持するため、為替介入を繰り返す。
・為替介入の結果、急拡大する外貨準備を運用する。
・欧米の金融危機で資金を分散する。

① 中国が日本の国債の購入を拡大する。

② 中国がドル資産の運用を拡大する。

③ 中国がユーロ資産の運用を拡大する。

④ 中国が人民元資産の運用を拡大する。

A ②

共働き、一人暮らし世帯に関する問題 チェーン展開する小売業で地域の顧客特性に応じ、品ぞろえやサービスを導入するケースが増えている。最近は、スーパーで従来買う物をコンビニエンスストアで購入する消費者が増え、業態間の競争が激化している。夫婦で働くとお互い多忙なため、家事に長い時間をかけるのは難しい。できたて総菜はこうした世帯や一人暮らしの世帯のニーズに対応している。精肉コーナーで買った肉をその場で焼いてもらえれば、家事の手間を省ける。少人数世帯の場合は、必要な分だけ買える野菜や総菜の量り売りは喜ばれそうだ。商圏には裕福な世帯が多いことから、安さ訴求は集客策としては優先順位が低い。

A ①

中国マネーに関する問題 中国マネーが注目されている。中国政府は輸出産業の競争力を維持するため、人民元の切り上げを防ぐという狙いで人民元を売り、ドルを買う為替介入を繰り返した結果、多額の外貨準備を保有している。これまでは米国債や欧州の国債などで運用してきたが、欧米の金融危機を受けて、資金分散の観点から保有が少なかった日本の国債を買い増す動きが目立つ。日本は国内総生産（GDP）の約２倍の政府債務があるが、債務の中心である国債は日本の機関投資家が多くを購入するため国債の消化はスムーズで長期金利は１％前後の低さで安定している。将来、中国の国債保有が拡大すれば、国債の消化や金利動向で中国の存在感が高まる可能性がある。

Q37 次の世界ランキング（2011年7月29日時点、金融を除く）は何を表しているか。

順位	企業名（本社）	金額（兆円）
1	エクソンモービル（米国）	30
2	アップル（米国）	27
3	ペトロチャイナ（中国）	23
4	BHPビリトン（豪英）	19
5	マイクロソフト（米国）	17

① 年間売上高

② 設備投資額

③ 研究投資額

④ 株式時価総額

Q38 次の3つに当てはまる国はどれか。

・2010年にドイツを抜いて、中国、米国、日本に次ぐ世界4位の自動車市場になった。
・2014年にサッカーワールドカップが開かれる。
・新興国のグループであるBRICSに属する。

① 中国

② インド

③ ブラジル

④ ロシア

A ④

世界の時価総額ランキングに関する問題 ランキング上位の企業名や金額から正解を探る問題。トップ企業であるエクソンモービル（米国）の金額が30兆円という規模から、年間売上高か株式時価総額に絞られる。年間売上高なら、世界最大の小売企業であるウォルマート・ストアーズ（米国）が入っているはずだ。ペトロチャイナ（中国）やBHPビリトン（豪英）など資源関連と、アップル（米国）、マイクロソフト（米国）などIT（情報技術）関連が評価されていることからも、このランキングは株式時価総額であると判断できる。２位のアップルは2011年８月にエクソンモービルを上回り、初めて世界一になって注目された。アップルが時価総額で世界トップになったことを覚えていれば正解にたどりつける。

A ③

存在感を高めるブラジルに関する問題 新興国のグループであるBRICS（ブラジル、ロシア、インド、中国、南アフリカ）の一員として、ブラジルの存在感が高まっている。豊富な資源や農産物を背景に、日米欧など先進国の経済が伸び悩むなかで高い経済成長力を期待されている。人口は２億人に迫り、内需の大きさから消費市場としても注目されている。2010年の新車販売台数はドイツを抜き、中国、米国、日本に次ぐ世界第４位に浮上した。世界の自動車メーカーはブラジル市場の開拓に力を入れている。2014年にサッカーのワールドカップ、2016年に夏季五輪が開かれる予定で、世界中の観光客がブラジルを訪問するとみられている。

Q39 次のランキング（2011年3月期、売上高1000億円以上が対象）は何を表しているか。

順位	企業名	比率（%）
1	TDK	87
2	ニコン	86
3	エルピーダメモリ	85
4	村田製作所	84
5	任天堂	83

① 海外売上高比率

② 売上高営業利益率

③ 自己資本比率

④ 株主資本利益率

Q40 資本政策の観点から、異質な企業はどれか。

① レナウン

② 日本電産

③ オギハラ

④ 本間ゴルフ

A ①

海外売上高比率に関する問題 企業名を見ると、中国市場などでスマートフォン（高機能携帯電話）向け部品・装置が伸びた電子部品会社が目立つ。比率（%）を見ると、１～５位は87～83%と高い。売上高営業利益率や株主資本利益率にしては高すぎる。自己資本比率でも不自然だ。アジアを中心に新興国で売り上げを拡大する企業群と比率の高さから、海外売上高比率と分かる。１位のTDKは高周波部品やコイル、２次電池の販売が伸びた。アジアでの売上高は前の期から７%増え5465億円と、連結売上高の62%を占めた。ニコンもスマートフォンなどに使う小型液晶用露光装置がアジア向けに好調だった。村田製作所は海外売上高比率が84%で、前の期から３ポイントあまり拡大した。中国、台湾向けの売上高が24%増え2970億円となったことが寄与した。今後も、中国向けにスマートフォンやタブレット端末部品の受注拡大を期待している。

A ②

中国企業、日本買いを加速に関する問題 レナウン、本間ゴルフ、オギハラ（一部工場）の共通点はいずれも中国企業に買収されたことだ。グローバル展開を急ぐ中国企業は高い利益成長を背景に、日本の企業や部門を積極的に買収している。日本企業が多くの年数をかけて築いた販売網やブランドを一気に取得する狙いがある。日本企業にとっても、中国マネーを導入することで資本を増強し、新たな事業戦略を模索できる。中国は2010年、国内総生産（GDP）で日本を抜いて米国に次ぐ世界２位の経済大国に浮上した。将来は日本を代表する大手企業が買収される可能性も出ている。日本電産は京都に本社を置く。有力企業を買収することで事業を拡大している代表的な企業だ。

練習問題 V

知恵を活用する力

Deduction

Q1

米国では「経済の日本化（ジャパナイゼーション）」を危惧する声が2011年夏ごろから高まっている。1990年代のバブル崩壊後の日本の「失われた10年」を引き合いに米国経済の類似性に言及したものだ。ここでいう「経済の日本化」に該当しないのはどれか。

① 国債格付けが引き下げられて国家の信用力に疑問符がつく。

② 長期間ゼロ金利が持続するが経済はなかなか回復しない。

③ 土地、株など資産価格の急落によるバランスシート不況が続く。

④ デフレ期待が長期化する。

Q2

2012年は団塊の世代（1947年～1949年生まれの665万人）が65歳を迎え、本格的な退職が始まる。これにより起こると考えられる変化で最も不適切なのはどれか。

① 企業の新卒採用を押し上げる。

② 労働人口が減少し経済成長のマイナス要因となる。

③ 年金などの社会保障費の自然増に拍車をかける。

④ 老後不安から団塊世代の貯蓄が増え、個人金融資産が増える。

A ④

経済の日本化（ジャパナイゼーション）に関する問題 1990年代の日本の失われた10年と、現在の米国の経済状況ではかなり類似点が見られることから米ウォールストリート・ジャーナルやフォーブスなどが相次いで「経済の日本化懸念」を特集している。リーマン・ショック後の住宅不況の長期化で米国はバランスシート不況の色合いを深めている。深刻な党派対立で政治が主導権を失っていることも日米共通だ。米連邦準備理事会（FRB）は2012年1月、14年終盤までの実質ゼロ金利政策継続を打ち出すなど、不況対策から長期間の量的緩和に進んだ90年代の日本の「いつか来た道」を連想させている。しかし、日本は90年代にデフレに陥ったのに対して、米国では穏やかな物価上昇が継続している。90年代半ばに1ドル80円台を超える超円高で悩んだ日本に対し、米ドルはほとんどすべての通貨に対して下落し歴史的な安値圏にあるなど、米国産業界にとって有利な面も少なくない。

A ④

団塊の世代に関する問題 団塊の世代は狭義の1947年〜1949年生まれだけでも665万人と日本の総人口の5％を占める。この巨大な層がいよいよ労働市場から退場するのが労働市場の2012年問題だ。団塊世代が退職を始めれば企業はその分を新卒市場から補うとみられるため新卒採用が増え、就職内定率を上昇させる力が働く可能性が大きい。また労働人口が減少するため経済成長にとってはマイナス要因となる。団塊世代は年金生活者になるため社会保障費の自然増につながる。また、退職後も旅行や趣味などに出費して生活の質をある程度維持するために、貯蓄を取り崩すことが見込まれる。そうなると個人金融資産は増えるどころか減少する可能性が大きい。

Q3

ヒット商品には４段階のライフサイクルがあり、各段階で企業の打ち出す戦略は変わる、という仮説がある。あるヒット商品が導入期から成長期を経て３段階目の成熟期に至ったとき企業が打ち出す戦略として望ましいのはどれか。

① シェア防衛のための値下げ

② 製品の使い方の提案

③ シェア拡大のための流通チャネルの多様化

④ 撤退のタイミングの模索

Q4

三菱UFJフィナンシャル・グループなど日本の大手４金融グループが保有する国債残高は2008年のリーマン・ショック後３年間で48兆円から108兆円に急増した。この理由で最も適切なのはどれか。

① 国債の利回りが上昇したため国債による運用を増やした。

② 企業の資金需要が増えず、流動性が高い国債でひとまず運用した。

③ 国債発行が急増し、シェアに応じて引き受けに応じた。

④ 株式が下落し、質への逃避から国債の買い増しに動いた。

A ①

プロダクトライフサイクルに関する問題 プロダクトライフサイクルとは成功する製品はすべて、明確に区別ができる４つの段階「導入期（市場開発期)」「成長期」「成熟期」「衰退期」を持つという仮説だ。通常、Ｓ字カーブとして描かれ、導入期ではほとんど横ばいに近い推移を示した後、成長期で大きく上昇、また成熟期でゆるやかな上昇に戻る。製品の競争戦略は、それぞれの段階ごとに異なる。導入期においては、製品の認知度を高めるため、顧客が使用シーンをイメージできるように製品コンセプトや使い方などを理解してもらうことを重視する。成長期においては、市場におけるポジション、シェアの確立を目指す。流通チャネルの拡大や機能の改良、モデルチェンジが必要となる。成熟期においては、競合製品に対して自社製品のポジショニングやシェアの防衛が重点となる。ポジショニングのために価格や広告においての戦略・戦術が必要となり、機能改良やモデルチェンジは小さなものとなるのが普通だ。衰退期には、撤退のタイミングの検討を行うことが必要となる。価格もマージンも低く抑えられたなかで、メンテナンス体制や社会的責任も考慮しなければならない。

A ②

金融機関の国債保有に関する問題 リーマン・ショック後の世界金融不況以来、企業は手持ち資金を増やし、設備投資などを抑える傾向が高まった。世界市場を相手とする大手企業の中には世界的な株安や金融緩和、円高を背景に海外企業やエネルギー権益の買収に乗り出す動きもあるが、こうした企業は金融機関からの借り入れよりも増資や転換社債、コマーシャルペーパー(CP）発行などで対応することが多い。金融機関からの主な借り手である中堅・中小企業の多くは拡大投資を控えたため、金融機関は資金需要が盛り上がらず、流動性が高く安全な国債運用でしのぐという構図ができあがった。

Q5

世界の中で日本経済の地盤沈下がいわれているが、日本経済衰退論の根拠に該当しないのはどれか。

① 国内総生産（GDP）の世界シェアや国民1人当たり名目GDPの順位が低下し続けている。

② 団塊世代の大量退職で製造業のもの造り現場で若い世代への技術移転が進まない。

③ 円高や経営戦略の失敗などで電機や自動車など日本を代表する産業の輸出競争力が低下している。

④ 国債など政府部門の長期負債残高が急増し財政危機に陥っている。

Q6

家電量販店のケーズホールディングスは2011年3月期で64年連続増収の成長企業だ。加藤修一会長は従業員に常々「がんばるな」と言っているので有名。加藤会長のユニークな「がんばらない」経営の背景にある考え方から最も遠いのはどれか。

① 会社の持続的成長を重視し、無理して目先の売り上げを追わないという考え。

② 売り上げよりも接客や商品説明など商売の基本を重視すべきと考えている。

③ 最近の若者の草食化傾向に対応し、新卒採用などを有利に進める。

④ 家電は生活必需品なので良い品を安く提供すれば客は確保できると確信している。

A ②

日本経済の地盤沈下に関する問題 日本はかつて一国で世界の国内総生産（GDP）合計の１割以上を占め、国民１人当たりGDPも世界２位だった。それが2008年は名目GDPが世界全体の8.1％となり、１人当たりGDPも３万8371ドルで19位まで低下した。GDPの規模も2010年には中国に抜かれ世界３位に後退した。トヨタ自動車やソニーなど戦後の高度成長を体現する大企業も需要が急増する新興国開拓の遅れで苦戦したり、韓国のサムスン電子や米アップルなどとの競争に敗れている。円高もあり、製造業の輸出力が低下し、貿易収支は赤字基調が定着しそうな勢いだ。一方、日本の国債残高など政府部門の長期負債残高がGDP比で２倍に達し、政府部門の非効率が一段と明らかになりつつある。こうしたなかで団塊世代が退職する時期を迎えたが、一部の中小企業を除くと製造業の現場で技術移転に支障をきたす例は少ない。

A ③

「がんばらない」経営に関する問題 加藤修一会長は創業家出身。最高経営責任者（CEO）だ。その加藤会長の考え方の基本にあるのは「経営は終わりのない駅伝競走のようなもの」。会社は持続的な成長こそが大切で、そのために目先無理して張り切っても仕方がないと考えている。したがって同社では週休２日制を採用、店長も定時帰宅を奨励している。売り上げやノルマ達成至上主義に陥ると商売にとって大切な接客や商品説明よりも値引き勝負になりやすいことを戒める。また家電製品の需要に対する楽観的なまでの確信を持っており、家電製品をしっかり売る限り成長は確保できると考えている。こうした考えからライバルであるヤマダ電機が郊外型店舗展開から最近は都市型店舗に多様化してもケーズホールディングスは従来ながらの郊外型店舗展開を継続すると宣言しており、ヤマダ電機に対して追随するのではなく、わが道を行くことを重視している。

Q7

次の中で通常、金価格上昇の要因となるのはどれか。

① 米連邦準備理事会（FRB）が金利引き上げを決めた。

② 世界的にインフレ率が低下した。

③ 為替市場で各国通貨に対してドルが長期低下傾向をたどった。

④ 世界の中央銀行で金準備を放出する動きが活発化した。

Q8

価格破壊を売り物にする家電量販店A社は直近の決算で売上高が大幅に伸びたのにもかかわらず、本業の利益を示す営業利益が減少した。考えられる理由として、最も不適切なのはどれか。

① 価格下落が著しい液晶テレビ目当てに客数は増えたが、客の購買単価が下落し、原価率が上昇した。

② 都心部への出店を増やした結果、客数はある程度増えたが、出店費用が増加した。

③ 赤字だった不採算店舗を大幅に閉鎖した。

④ 従来手薄だった関西で、Ｂ家電量販店と業務提携、一部店舗を譲り受けたが、人件費もその分増加した。

A ③

金価格の変動要因に関する問題 金価格はさまざまな要因で上下する。主な変動要因としては基軸通貨であるドルが安くなると金価格が上昇、逆にドル高では金価格は下落するのが普通だ。これは金がオルタナティブ（代替）資産であるためだ。また、米国の金融政策で利上げは下落要因になりがちだ。このほか世界的にインフレ率が高まると上昇し、インフレ率が低下すると下落する傾向がある。戦争など有事の際には金が買われ、国際金融不安が高まる場合も金が買われる。金は有史以来、掘り出した総量は16万トン。埋蔵量は7万トン。産出は毎年2400トン前後で、今後も大きな増加はなさそうで、需給は締まる傾向にある。したがって金を大量に抱える各国の中央銀行の金売却は下落要因、金購入は上昇要因だ。このほか世界の株式市場が堅調なときは金価格は下落し、軟調のときに上昇するのが普通だ。

A ③

営業利益の増減要因に関する問題 赤字店舗を閉鎖すると、通常はその分、売上高が減るとともに赤字も減るので営業利益は増加する可能性が高い。半面、店舗を閉鎖すると店舗除却損が発生、特別損失に計上するので、営業利益は増えても最終利益は減ることもある。これ以外の選択肢ではいずれも客数が増えるので売上高が増えるが、人件費、出店費用などの営業費用が増えるため営業利益を圧迫する要因として働く。ただ、こうした営業費用の増加を吸収できるほど売上高が大幅に伸びれば増益に結びつく。

Q9

自己資本利益率（ROE）を経営目標に掲げる米国流の経営手法には日本では最近、賛否両論がある。このROE経営の背景にある考え方はどれか。

① 株主利益重視

② 従業員福祉重視

③ メーン銀行の意向重視

④ 地域社会との調和重視

Q10

2011年8月、米格付け会社スタンダード・アンド・プアーズ（S&P）が、米国債の格付けを史上初めて下げたにもかかわらず、米国債が買われた。理由として間違っているのはどれか。

① 株式などに比べて資産価値の増減が少ない。

② 担保にして容易に現金化できる。

③ 市場規模や流動性の面から安全度が高い。

④ 利回りの変動幅が大きく投機向き。

A ①

株主利益重視に関する問題 自己資本利益率（ROE）は当期純利益を自己資本で割って求める。この経営指標は企業が「株主から預かった資産でどれだけ利益を稼ぎ出したか」という株主利益重視の考え方がある。米国の経営者はもともと会社を「ユア（株主の）カンパニー」と呼ぶ。日本の大半の経営者が「わが社（マイカンパニー）」と呼ぶのとは異なり、経営者の仕事は株主の委託を得て株主利益を最大にすることという考え方がある。ただ、ROEを極大化するためには企業が本業などでの利益を増やすほかに、借金などの負債を増やして自己資本の割合を減らすこと、すなわちレバレッジを利かせても実現できる。このためリーマン・ショック後の金融危機では、資金繰りに窮した金融機関から企業が負債の返済を迫られ混乱した経緯がある。

A ④

米国債の格付けに関する問題 国や企業など債券の発行体が、デフォルト（債務不履行）に陥るリスクを示すのが格付け。国債の場合はアナリストが国の財政状態や債務残高などから判断して決める。一般的には、格付けが下がれば国債は売られ、価格は低下し、国債利回りは上がる。しかし、2011年８月５日にS&Pが米国債の格付けを最上位の「AAA」から「AA+」に下げたにもかかわらず米国債は買われ、米長期金利の指標となる10年物国債利回りは、格下げ発表前の2.5％前後から８日には2.3％台に下がった。世界的な株安、米欧の財政不安などにもかかわらず、米国債が買われたのは、株式などに比べて、国債は価格変動幅が小さく、担保にして容易に現金化できるためだ。市場規模が大きく流動性も高い。ドルは基軸通貨であり、米国債に代わる資産も見当たらないことから、景気の先行き不安が高まる局面では安全資産として投資家の人気が高まる。

Q11

世界的に株式や債券などが売られるなか、2011年秋に米先物市場で原油価格は底堅さを見せた。一般的に、投資家が原油は比較的底割れリスクが低い投資対象とみる背景として適切なのはどれか。

① 用途が限定されている。

② 利用する地域が広い。

③ 市場規模が小さい。

④ 国際政治の影響を受けにくい。

Q12

武田薬品工業がスイスの製薬大手、ナイコメッド（チューリヒ）を約1兆1000億円で買収した背景として考えられないのはどれか。

① 国内市場の伸び悩み。

② 新興国市場の拡大。

③ 日本では製薬最大手だが、世界ではトップ5に入れない。

④ 為替相場で円安が進行。

A ②

原油と投資マネーに関する問題 欧州危機を背景に世界景気の先行き不安が高まり、世界的に株式や国債などが売られるなか、2011年10月以降、年末にかけて、米ニューヨーク先物市場の指標油種、WTI（ウエスト・テキサス・インターミディエート）は一時、上昇基調になるなど底堅さを見せた。核開発問題を背景にしたイランの供給不安など固有の強材料はあったが、その根底には、投資家が投資マネーの受け皿として原油を底割れリスクの少ない投資対象と判断したことが背景にある。原油は用途や利用地域が幅広く、世界的に市場規模が大きい。インドや中国など新興国を中心に世界の需要も落ちていない。もっとも、欧州危機の深刻化などで株式や債券、ほかの国際商品が一段と売り込まれ、リスク回避の流れが強まる展開になれば、投資家は換金売りに動くことになる。

A ④

武田薬品工業の大型買収に関する問題 武田薬品工業は約１兆1000億円を投じて、スイスの製薬大手、ナイコメッド（チューリヒ）を買収した。国内製薬会社による企業買収では過去最大で、日本企業全体でも上位３位に入る規模だ。同社を傘下に収めることで武田薬品は世界の製薬10位に浮上した。ナイコメッドが強い新興国市場へ本格参入し、欧米の製薬大手を追撃する。日米欧の医薬品市場は医療費抑制などの影響で成長が鈍化しており、新興国市場の開拓が世界の製薬会社の共通課題だ。武田薬品は日本では最大手だが、欧米の製薬大手と売上高の規模で劣っている。為替相場で円高・ドル安・ユーロ安が進行しており、日本企業にとっては海外企業を安く買収する好機だ。

Q13

2011年9月末の上場企業の手元資金が、過去最高だった同年3月末（60兆2223億円）を8％下回り、半期ベースで3年ぶりの減少に転じた。その背景として最もふさわしくないのはどれか（日本経済新聞社調べ。データは1742社。3月期決算、金融・電力・新興2市場除く）。

① 企業買収による事業拡大

② 海外投資の活発化

③ 株価てこ入れの増配

④ 財務の健全化・安定化

Q14

全国の5証券取引所に上場する企業数が2011年8月までの4年間で約1割減った。背景として不適切なのはどれか。

① 株価低迷による新規上場数の減少

② 完全子会社化の増加

③ コンプライアンス（法令順守）の強化

④ MBO（経営陣が参加する買収）の増加

A ④

上場企業の手元資金に関する問題 リーマン・ショック後、企業は財務の健全性・安定性を重視して手元資金を積み増した。加えて、新興国市場での事業拡大により現金収入が増える一方で、景気の先行きの不透明さから設備投資など成長投資を抑えたために手元資金が増えた。2010年9月末には手元資金は64兆4400億円（前年同期比12％増）まで積み上がった。しかし、2011年に入って、グローバル競争の激化に対応して余裕資金の戦略的活用に舵を切った。円高を背景に海外企業の買収件数（2011年4～9月）は過去最高となり、低迷する株価のてこ入れを狙った増配も相次いでいる。これらに東日本大震災の復旧費用などが加わって、手元資金の減少につながった。

A ③

上場企業数の減少に関する問題 日本経済新聞社の調べでは、東京証券取引所など全国5証券取引所の上場企業数は、2011年8月時点で3596とピーク時（2007年6月）から約1割減り、7年半前の水準に戻った。理由はまず、新規上場の減少。09年～10年は年間20社前後と最近のピークだった06年（188社）の約1割の水準だ。デフレ経済下で、株価が低迷し資金調達の利点が少ないためだ。経営効率の改善やコスト削減のために、親会社と子会社の両方が上場する状態を解消する完全子会社化の動きも上場廃止の増加の一因。06年以降の上場廃止のうち約6割が完全子会社化に伴うもの。事業戦略の大転換などを目的にしたMBO（経営陣が参加する買収）による非上場企業化の動きも上場廃止の増加につながっている。

Q15 消費不況で業績が伸び悩むなか、ファストフード店を展開する外食企業の経営者が、株主から総資産利益率（ROA、利益÷総資産）の引き上げを強く求められた。次年度の対応策として最も不適切なのはどれか。

① 直営店をフランチャイズチェーン店に転換する。

② 全国の大都市中心部で大規模店を集中出店する。

③ 不採算店のスクラップ・アンド・ビルドを進める。

④ 既存店をドライブスルー対応に改装する。

Q16 たこ焼き店「築地銀だこ」を全国展開するホットランドは、昼はたこ焼き専門店、夜は立ち飲みスタイルの居酒屋になる「築地銀だこハイボール酒場」の展開を始めた。新事業の狙いとして最も不適切なのはどれか。

① 夏場の売り上げを増やす。

② 夜の売り上げを増やす。

③ 男性客を取り込む。

④ 家族連れの客を増やす。

A ②

総資産利益率(ROA)に関する問題 ROAは、利益（当期利益や経常利益など）を総資産で除した数値で収益性を表す財務指標。分子の利益を増加させるか、分母の資産を不要資産の処分やコスト削減などで圧縮すれば総資産利益率を高めることができる。自前資産を使った直営店をフランチャイズチェーンによる加盟店に転換すれば資産を圧縮できる。成長性の低い店舗をスクラップ・アンド・ビルドすることも資産効率の向上につながる。既存店の改装やドライブスルーは1店舗当たりの収益向上につながる。消費不況で業績が伸び悩むなか、地価が高く、競合が激しい全国の大都市中心部に集中出店することは固定資産の急増につながり、短期的にはROAが低下する。

A ④

二毛作店舗に関する問題 全国に350店を超えるたこ焼きチェーン「築地銀だこ」を展開するホットランド（宮城県石巻市）は、商業施設を中心にした立地戦略で、女性層を主力客にして成長してきた。従来店の弱みは夏場になると売り上げが落ちること。また、女性客に比べて男性客が少なく、夜間の売り上げ増やオフィス街立地に業態開発余地を残していることも課題だった。そこで新たに展開を始めたのが、オリジナルレシピの創作たこ焼き、おつまみとハイボール、生ビールを楽しめる立ち飲みスタイルの居酒屋「築地銀だこハイボール酒場」だった。これまで出店していなかった首都圏の繁華街にも出店し、「仕事帰りにたこ焼きを食べながら一杯」という消費スタイルを提案した。

Q17 オフィス用品の通信販売会社が、収益性の向上や新規顧客開拓のために強化している戦略として正しいのはどれか。

① コピー用紙など汎用品の品目・数量を増やす。

② プライベートブランド（PB＝自主企画）商品の販売を止める。

③ 競合の少ない独自商品の扱いを増やす。

④ 取り扱う商品の総品目数を絞り込む。

Q18 スーパー業界で精肉の真空パック包装が拡大している。背景キーワードとして最も不適切なのはどれか。

① 二酸化炭素（CO_2）排出量

② 消費期限

③ 廃棄ロス

④ 簡単調理

A ③

オフィス用品通販の収益向上策に関する問題 オフィス用品の通信販売業界では、コピー用紙などの主力の汎用品は価格競争の激化や原料高などを背景に採算が悪化している。業界大手は、汎用品分野での過当競争に耐えながら、独自商品で収益性を向上させるとともに、新たな顧客の開拓に知恵を絞っている。その武器となるのがメーカー品に比べて利益率の高いプライベートブランド（PB＝自主企画）商品。取引先の要望を商品開発に取り入れて脱安売りと顧客の囲い込みにつなげたり、企業の研究施設や建設現場などオフィス以外の市場開拓のための新企画商品を開発したりしている。顧客の開拓や囲い込みのために重要なのが、取扱品目の拡大。増加するPB商品群にこれまでに蓄積した多品種少量の調達・管理ノウハウをフルに生かしている。

A ④

真空パック包装に関する問題 スーパー業界で精肉商品の包装を食品トレーから真空パックに切り替える動きが出ている。包装資材の使用量を削減し、二酸化炭素（CO_2）の排出量抑制につなげ、消費者に環境に優しい店舗運営を訴える。トレーからの切り替えによって、包装資材の使用量を従来に比べ４割近く削減できるという。真空パックにより消費期限が延びるため、売れ残りによる廃棄ロスの削減にもつながる。単身世帯や共働き世帯の増加などを背景に保存できる期間が長めの生鮮品へのニーズが高まっているが、東日本大震災以降、保存期間が長めの商品を求める消費者がこれまでより増えており、真空パック包装は拡大の一因になっている。

Q19

近年、ヘッドホンの売れ行きが急激に伸びている背景キーワードとして最も適切なのはどれか。

① スマートフォン（高機能携帯電話）

② ミニコンポ

③ 大画面テレビ

④ 携帯ラジオ

Q20

若者がバスツアーを利用するケースが増えている。背景として最も不適切なのはどれか。

① 若者のクルマ離れ

② 若者をめぐる雇用環境の悪化

③ ひきこもる若者の増加

④ 手軽なレジャーへの人気の高まり

A ①

スマートフォン(高機能携帯電話)関連市場に関する問題 スマートフォンや携帯音楽プレーヤーの急速な普及を背景に、ヘッドホンや保護ケース、保護フィルム、装飾材料といった関連製品の市場も拡大している。消費者は使い心地や音質の良さにこだわって自分に合った製品を選ぶ。家電量販店大手がスマートフォン関連製品の専門館を開業するなど小売業界でも成長市場に対応する動きが目立つ。フォスター電機やオーディオテクニカなどの音響関連企業が高級品から普及品まで製品開発を競っている。フォスター電機は米アップルの「iPhone（アイフォーン）」や携帯音楽プレーヤー「iPod（アイポッド）」向けに供給しており、業績を伸ばした。

A ③

若者のバスツアー人気に関する問題 バスツアーに参加する若者が増えている。もともとシニア層向けのイメージが強いが、観光施設の入場料込みや食事も付くお得感が20代をひきつけている。ツアー運営会社も若者に照準を合わせたプランを拡充し、利用を促す。都市部を中心に若年層のマイカー離れも進んでおり、自家用車での行楽の一部がバスツアーにシフトしているようだ。はとバス（東京・大田）によると、20代の利用者は全体の約２割（2011年11月）で、この４年で倍増した。特に12月～３月は冬休みや春休みで若者の利用が伸びる傾向にあるという。中高年向けに日帰りバスツアーを催行するぽけかる倶楽部（東京・中央）でも、９～10月に20～30代の利用者が全体の１割に達し、前年の３倍に急増している。

Q21 **2011年は東日本大震災後しばらくして、百貨店などで高額品の売れ行きが好調になった。その背景として最も不適切なのはどれか。**

① 震災後の自粛ムードの反動

② 大事な人に確かなものを贈りたいという機運の高まり

③ 一度の人生を楽しもうという意識への転換

④ 景気のV字回復によるバブル到来

Q22 **文部科学省は2011年11月、京都大、大阪大、慶応大を、ある人材を育成するための拠点校に選んだ。そうした人材の不足は国全体の舵取りに大きな影響を及ぼす。その人材はどれか。**

① 次世代リーダー

② 医師

③ 農業の担い手

④ ジャーナリスト

A ④

東日本大震災後の消費動向に関する問題 日本百貨店協会によると、高額品の代表である「美術・宝飾・貴金属」の売上高は2011年10月に5カ月ぶりに前年同月比0.4％減った。だが、各社はそれぞれ統計とは異なる手応えを感じている。大丸松坂屋百貨店では宝飾品や美術品など11月の高額品の売上高は17％増。伊勢丹新宿本店と三越日本橋本店でもそれぞれ約10％増と好調だ。理由として考えられるのは、東日本大震災による自粛ムードで買い控えていた層の反動需要だ。ただ、4月以降、秋まで比較的長い回復基調が続いており、それだけでは説明できないとの見方もある。一つは「絆消費」の高まり。家族や恋人など大事な人に贈りものをする人が増えた。多くの人が命を失った大災害を目の当たりにし、「お金を貯め込むばかりではなく楽しまないと」という気持ちになった人も少なくなかったようだ。

A ①

次世代リーダー教育に関する問題 文部科学省は2011年11月、大学院で5年一貫の先進的な教育を行う「博士課程教育リーディングプログラム」の拠点として13大学の計21プログラムを選んだ。産官学で国際的に活躍する次世代リーダーを育てる拠点校には京都大、大阪大、慶応大の3校を選んだ。京大は12年度、大学院生10～20人が寮生活をしながら人格や専門知識を磨く新制度を開始する。阪大は文系・理系の枠を超えて複数の研究室で学ぶコースを新設する。慶大は理工、医、政策・社会科学の融合教育を行う。

Q23 **愛知県を地盤に首都圏にも店舗網を広げるコメダ珈琲店は、「長居ができる」と顧客に好評だ。コメダの店舗の特徴でないのはどれか。**

① 置いてある新聞、雑誌の種類が豊富。

② メニューはドリンクに絞り込んでいる。

③ 席は広くゆったりとしている。

④ 郊外店は駐車場が広い。

Q24 **大手小売業のプライベートブランド（PB＝自主企画）商品の最近の特徴として最も不適切なのはどれか。**

① 格安から高級まで品ぞろえの幅は広がっている。

② 大手メーカーも製造に意欲的になりつつある。

③ 消費者の支持が高まり、市場は拡大している。

④ 小売り側は「メーカー品の代替品」として位置付けている。

A ②

コメダ珈琲店に関する問題 尾張名古屋発祥の喫茶店チェーン、コメダ（名古屋市、安田隆之社長）が勢力を拡大している。今後、年間40～50店だった出店ペースを上げ、５年後をメドに1000店体制を目指す。軸足は関東・関西に据える。コメダの特徴は大きめの天然木テーブルに、広い座席スペース。皿を並べやすく、長い時間座っても苦にならない。仕切りが隣席の視線を遮る半個室風で、豊富にそろえた新聞や雑誌を読みながら長時間居られる。ハードは徹底した「長居仕様」だ。郊外店は駐車場が広く、週末は早朝から家族連れでにぎわう。メニューは喫茶店というよりファミリーレストランに近い。エビフライ、グラタン、みそカツサンドなど。パンにソフトクリームをのせた「シロノワール」が名物だ。2011年２月期の店舗売上高は前期比約10％増の約270億円。

A ④

プライベートブランド（PB＝自主企画）商品に関する問題 大手小売業はPB商品の品ぞろえを拡充している。イオンは2012年春までに大手メーカー品の半額程度のPB商品を、前年冬よりの2.7倍に当たる800品目に増やす。セブン＆アイ・ホールディングスは品質を重視した高価格帯のPBを強化する。価格や品質面で独自性を強めて、より広範な顧客層を開拓する。「メーカー品の代替品」にとどまらない主力商品としての位置付けを明確にする。PB市場の拡大はメーカーの戦略にも影響を与えている。PBは大手メーカー品の対抗製品と位置付けられることが多かったが、小売業のPB生産を請け負うことを成長の糧とするメーカーは増えている。

Q25 **居酒屋チェーン、養老乃瀧の低価格業態「一軒め酒場」には、居酒屋の定番メニューである焼き鳥がない。その理由として最も適切なのはどれか。**

① 人件費の抑制

② 若年層に焼き鳥が不人気

③ 食材の高騰

④ 焼き鳥を扱う競合店の増加

Q26 **小売業の販売手法である「ラスト・ワン・インチ」に該当しないのはどれか。**

① 商品陳列棚

② レジ待ちの列

③ ネット通販

④ 低価格商品

A ①

低価格居酒屋に関する問題 居酒屋チェーンを展開する養老乃瀧は低価格業態「一軒め酒場」の出店を強化している。くしカツの「神田旨カツ」(104円)や牛スジ煮込(263円)など低価格メニューをそろえ、節約志向を強める顧客の増加に対応する。同店の客単価は1650円で、主力業態「養老乃瀧」の6割強の水準。安さを打ち出すため、コスト高要因の排除には敏感だ。居酒屋の定番である焼き鳥がメニューにないほか、刺し身盛り合わせに刻み大根も付けない。焼き鳥を串に刺す工程や大根を細かく刻む作業を省くためで「仕込み時間を極力減らして人件費を抑える」(養老乃瀧)のが狙いだ。

A ③

ラスト・ワン・インチに関する問題 スーパーなどでレジの列に並ぶ客に商品を買ってもらう機会を作るのが「ラスト・ワン・インチ」といわれる販売手法だ。列に沿って棚に商品を陳列し、客の購買意欲を刺激する。高額品だと購入を決めるのに時間を要するため、衝動買いに結びつきやすい比較的安価な商品が多い。接続回線を家庭や企業に伸ばすまでの最終段階を示す「ラスト・ワン・マイル」から生じたものだ。スーパーのほか、コンビニエンスストア、書店、ファミリーレストランなどでも導入している。

Q27

景気低迷が続くなかでも成長を続けるみのや（さいたま市）が運営する菓子専門店「おかしのまちおか」の人気の理由はローコストオペレーションに裏打ちされた安さと常連客も飽きさせることがないわくわくする店作りだ。同社の戦略に該当しないのはどれか。

① メーカーからの直接仕入れ

② 専門店ならではの豊富な品揃え

③ 毎日変化する店頭の商品陳列

④ 経営トップへの権限の集中

Q28

少子化で婚礼市場の競争が激化するなか、老舗の八芳園は一時落ち込んだ業績が急回復している。その要因でないのはどれか。

① 顧客ニーズに応じたこまめな改装

② 衣装などの持ち込み料の廃止

③ 式を挙げたカップルの生涯顧客化

④ 業界最安値の実現

A ④

おかしのまちおかに関する問題　安さと豊富な品揃えで攻勢を強めるみのや（さいたま市）の菓子専門店「おかしのまちおか」。低価格を支えるのは、菓子卸だったときに構築したメーカーからの直接仕入れのノウハウだ。卸に払う中間マージンを省ける分だけ、安く売ることができる。直接仕入れのノウハウは数千種類に上る豊富な品揃えの実現にもつながる。品揃えを生かし、常連客にも掘り出し物が見つかる店作りが、各店の店頭で毎日変わる商品の陳列だ。各店長が売れ筋や目玉商品を勘案し、朝、陳列商品の配置を決める。こうした店頭でのきめ細かい変化を迅速に実現するには現場への徹底した権限委譲が必要で、商品陳列について本社で決めた統一ルールはほとんどない。同社はバイヤーにも大幅に権限を委譲し特売品を仕入れて売る体制を整備している。経営トップへの権限集中ではこうした戦略を実行するのは難しい。

A ④

八芳園の業績回復要因に関する問題　創業60年を超す老舗結婚式場、八芳園（東京・港）が首都圏でもトップクラスの挙式組数2000組を３期連続で達成した。新興式場の台頭などで一時は1000組近くまで落ち込んでいたが、施設のこまめな改装に加え、婚礼業界の常識にとらわれずカップルの意向を優先したサービスが支持を集めている。例えば披露宴会場の改装。15ある複数の会場に2006年から毎年手を入れ、2011年は４会場に約１億5000万円を投じた。ウエディングドレスなど婚礼衣装のレンタルや引き出物で、提携業者以外を利用する場合の持ち込み料という業界常識にも切り込み、新郎新婦が求める式を実現するという使命に反すると、2010年秋に廃止に踏み切った。引き出物の持ち込み料だけで年間6000万円と収益には打撃だ。しかし、提案力や商品力を磨き、選ばれるサービスを目指す。

Q29

全国の原子力発電所の運転停止が長引いた場合の経済への影響として、通常は想定されないのはどれか。

① 代替燃料調達に伴う電力会社のコスト増、料金引き上げ

② 電力使用抑制に伴う生産、経済活動の伸び悩み

③ 日本製品に対する不安解消による輸出増、貿易収支の黒字拡大

④ 化石燃料使用に伴う二酸化炭素（CO_2）排出量増加

Q30

為替レートの円高、新興国主導の世界経済の成長が同時並行で進展したとき、次のうち可能性が最も小さいのはどれか。

① 輸出先が欧米から新興国にシフトする。

② 日本企業の海外進出が加速する。

③ 日本の輸出が緩やかに増加を続ける。

④ 日本製品の世界シェアが拡大する。

A ③

原発停止の影響に関する問題 原発による電力供給の減少を、液化天然ガス（LNG）や石油など代替燃料で補っても、太陽光や風力など再生可能エネルギーで補ってもコスト増となり、電力料金値上げに至る可能性が大きい。原発停止で電力供給が減少すれば、電力不足、あるいは自主的節電により生産、経済活動は当然伸び悩む。原発事故関連で輸出に影響したのは主に風評で汚染が疑われた農産物・水産物であり、比重は小さい。むしろ電力供給不足による生産縮小、電力コスト上昇で輸出は抑制され、また代替燃料輸入もあり、貿易赤字が拡大するとみられる。LNGや石油、石炭など代替燃料使用が増えれば、二酸化炭素排出量は増加してしまう。

A ④

円高と新興国主導の世界経済成長に関する問題 為替レートの円高は輸出に対してマイナス、新興国主導の世界経済の成長は輸出にプラスの効果を持つ。結果として輸出がどうなるかは円高や世界経済成長の程度にもよるが、円高が急進展しなければ鈍化しながらも輸出が増加するというのが最もありえる展開だ。ただ、日本製品のシェアはやはり円高による競争力低下で下落すると考えるべきで④は可能性が小さい。新興国主導の世界経済成長なら、輸出先が新興国にシフトする。また、円高に伴う競争力低下の対策として、新興国需要を狙う企業の海外進出が加速することもありえる。

Q31 2010年国勢調査によると、日本の2010年の高齢者人口（65歳以上）の割合は23.0%と世界最高だった。図は米国、中国、韓国、ドイツの高齢者人口比率の推移である。正しい組み合わせはどれか。

高齢者人口比率（65歳以上人口の割合）

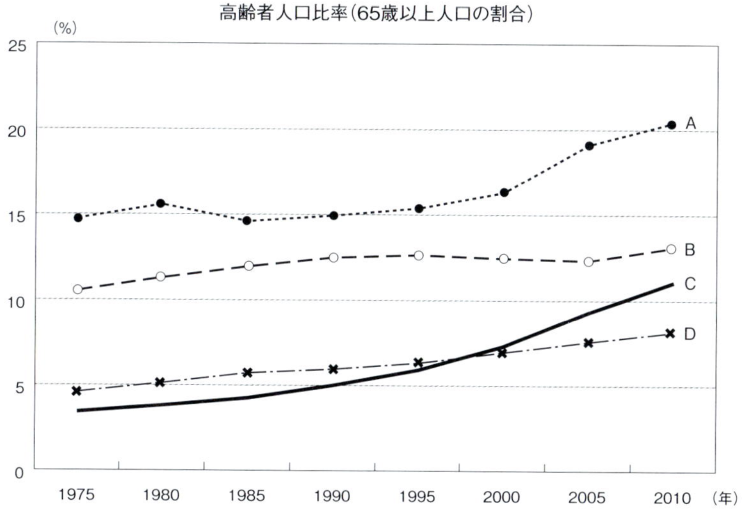

（出所）総務省統計局

① A＝ドイツ　B＝米国　C＝韓国　D＝中国

② A＝米国　B＝中国　C＝韓国　D＝ドイツ

③ A＝中国　B＝韓国　C＝米国　D＝ドイツ

④ A＝韓国　B＝ドイツ　C＝米国　D＝中国

A ①

各国の高齢者比率に関する問題 日本の高齢者比率は1980年までは１桁だったが、その後急上昇し、2010年は23.0％と世界最高、かつてどの国も経験したことのないレベルに達した。ドイツを含む欧州主要国は1960年代から比率は2桁で高齢化の先進国だったが、その後もじわじわと上昇し、ドイツは2010年には20.4％と20％に達した。米国はもともと欧州に比べ人口構成は若く、高齢化の進展も緩やかだが、2010年には13.1％になった。一方、アジア諸国は日本を除くと高齢者比率は低かったが、近年急上昇している。韓国は、1980年に5.0％だったが、2010年には11.1％と２桁まで上昇している。中国も相対的にはまだ低いが、2010年には8.2％まで上昇している。各国の経済社会情勢の推移から推理すれば、選択可能な設問である。

Q32 ブラジル、ロシア、インド、中国の１人当たり国内総生産（GDP、ドルベース）の推移をグラフに示した。中国はどれか。

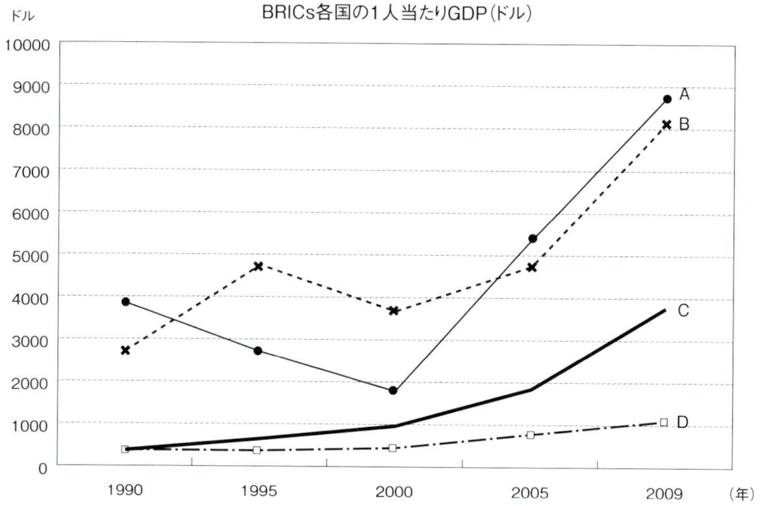

① A

② B

③ C

④ D

A ③

BRICs各国の１人当たり国内総生産（GDP）に関する問題　1990年ごろまでは、中国・インドと、ロシア・ブラジルの間には大きな格差があった。その後、ロシア危機時にロシアは一度GDPが減少、その後は原油価格上昇の追い風で盛り返し、近年はブラジルとほぼ肩を並べている。その後を追う形で中国とインドが成長しているが中国が一歩先を行っている。ロシア・ブラジルと中印ではもともと１人当たりGDPに差があったこと、中国とインドの発展の差を考慮すれば解答できる。

Q33 黒字倒産の直接的な原因と考えられるのはどれか。

① 粉飾決算

② 現金不足

③ 株価急落

④ 追徴課税

Q34 長期金利が低下した場合の影響で間違っているのはどれか。

① 住宅ローン金利の低下

② 国債保有者の利益減少

③ 国債発行コストの低減

④ 内外金利差拡大に伴う円安

A ②

黒字倒産に関する問題 黒字倒産とは、会計上は利益が上がっていながら、資金回収の遅れなどによる運転資金不足が招く倒産のこと。黒字のため利益を計上できているわけだが、必ずしも現金決済ではない場合が多い。そのため、二度の不渡り手形を出すことで銀行との取引が停止され、事実上の倒産に至るケースがある。買掛金が増大し、その支払い期間が売掛金の回収期間よりも短い場合に起きやすい。これを防ぐためにキャッシュフロー計算書の作成が求められている。

A ②

長期金利低下の影響に関する問題 市場で国債利回りが低下すると、市場金利に連動する長期金利は低下、①の住宅ローン金利も低下する。新しく発行する国債の金利（表面利率）も低下するため、③国債発行コストの低減につながる。また、日本の長期金利が低下すれば④内外金利差が拡大し日本からの資本流出が増加、為替が円安に進む要因となる。すでに国債を保有している人にとって、表面利率は確定しており、市場における利回り低下は、国債価格の上昇を意味し、むしろ利益は増加する。したがって②国債保有者の利益減少は、影響と異なる。

Q35 企業業績のＶ字回復の原因として不適切なのはどれか。

① 自社の株価の上昇

② 前期に多額の減損損失を計上

③ 営業のテコ入れによる大型の営業案件の獲得

④ 不採算事業からの撤退

Q36 国の財政が急激に悪化した場合、起きる可能性が最も小さいのはどれか。

① 長期金利が急低下する。

② 政府は増税を検討する。

③ 国民は将来に不安を感じる。

④ 国債を増発しないと予算が組めない。

A ①

V字回復の原因に関する問題 一般にV字回復とは、ある年に多額の損失を計上し、翌年度に多額の利益を計上することをいう。よって、赤字部門（不採算事業）から撤退したり、収益性の低い物件について減損損失を計上することは、V字回復につながる。また、人員を含め、リストラ（事業の再構築）の推進や、営業のテコ入れによってV字回復を果たすこともある。一方で、自社の株価の上昇は、V字回復の結果として起こることであって、原因とはならない。

A ①

国の財政悪化に関する問題 国の財政が急激に悪化すると、国民は将来に不安を感じる。年金や公的保険など社会保障に対する政府のサービス低下が予想されるからだ。政府は歳出を歳入で賄えないため、消費税の引き上げなど増税を検討する。増税は一般的に国民の反対が強いため、すぐに実施できないとなると政府は国債を増発し、歳出を歳入でカバーできない分を借金で補う予算を組む必要に迫られる。国債の増発は長期金利の上昇（国債価格の下落）につながる。財政が悪化した国の政府が発行する国債は信用度が低いため、高い金利を払わないと購入する投資家が少なくなる可能性が高い。長期金利の上昇は住宅ローン金利の上昇につながるなど国民の生活に大きな影響を与える。

Q37 デフレの影響として間違っているのはどれか。

① 消費者にとって購買力の増加につながる。

② 実質的な債務負担が減少する。

③ 企業収益の悪化や所得の減少、資産価値の下落を招く。

④ 日銀はデフレ脱却のため、金融緩和を続けている。

Q38 少子高齢化の影響として、最も考えられないのはどれか。

① 単身者世帯の増加

② 社会保障費の増加

③ 私立中学経営の悪化

④ 労働力人口の増加

A ②

デフレの影響に関する問題 デフレは商品・サービスの価格が継続的に下がる現象を指す。消費者にとっては商品・サービスを時間がたつほど安く買えるため、購買力の増加につながる。商品・サービス価格が下落すると、企業の売上高が減少し、企業収益は悪化する。企業の業績悪化は賃金・ボーナスの引き下げによる従業員の所得の減少につながる。土地や株など資産価格の下落も予想される。日銀が金融緩和を継続している狙いの一つはデフレ脱却だ。お金を多く市場に供給することで経済の血液といわれるマネーを円滑に循環させて商品・サービス価格の下落に歯止めをかける。借金を抱える人や企業にとっては収入や売り上げが減る一方、借金は画面通り返さなくてはならないので実質的な債務負担は増加する。

A ④

少子高齢化の影響に関する問題 高齢化が進むと、年金や公的保険など社会保障費は確実に増加する。高度成長期は１人の高齢者の社会保障費の負担を多くの現役世代で支えてきたが、高齢者の増加により現役世代の負担は重くなる。配偶者の死や独身者の増加で一人暮らしの老人が増えるため、単身者世帯も増加する。少子化は学生数が減少するため、私立中学など学校法人の経営は難しくなることが予想される。高齢者の退職や10代から20代の人口減少を受けて、現在働いている人と働く意欲がある失業者の合計である労働力人口は減少することが考えられる。労働力人口の減少に対応し、外国人労働者の受け入れを検討する可能性もある。

Q39

日本の政府債務は地方と合わせ国内総生産（GDP）の約２倍と先進国で最も重いが、長期金利（国債利回り）は極めて低いままだ。その説明として適切でないのはどれか。

① 日本がインフレになる可能性が低いと見て、株式より国債を選ぶ投資家が多い。

② 日銀が緩和的な金融政策を長期間続けている。

③ 外国人投資家が国内勢を上回る額の日本国債を保有している。

④ 国内で企業や個人の借り入れ需要が鈍いため、銀行が国債にマネーを振り向けている。

Q40

資源や食料価格の上昇が日本経済に与える影響として適切でないのはどれか。

① 日本から海外への所得流出

② 個人消費の減少

③ 企業収益の減少

④ 消費者物価の下落

A ③

日本国債の利回りに関する問題 政府見通しによると、国と地方を合わせた日本の長期債務残高は2011年度末で894兆円程度、GDPの1.89倍に達する。財政が悪化すれば、将来の支払い能力に疑念を持たれ、国債が売られて長期金利が上がるというのが普通だ。ただ、日本の場合は長期間にわたって国債に大量のマネーが流入している。その9割以上を保有しているのが国内勢で、外国勢は最近、投資を増やしてはきているものの市場に与える影響はまだ限定的だ。国内投資家が日本国債を買うのは、長期低迷から脱しきれない日本の経済がインフレになる可能性は低いと見ているほか、借り入れ需要も乏しいので銀行など金融機関が国債投資に比重を置いているためだ。日銀が事実上のゼロ金利政策を続けていることも、国債を買う際の安心材料となっている。

A ④

資源・食料価格上昇の影響に関する問題 日本は国内で消費する資源や食料の多くを海外からの輸入に依存している。資源や食料の価格上昇は輸入代金の支払いを増やす。このため、日本から海外への所得の流出につながる。資源・食料価格の上昇は企業物価指数の上昇や消費者物価指数の上昇をもたらす。具体的には原油高によるガソリンや原材料の価格高騰などが企業物価指数の上昇をもたらし、企業収益を圧迫する。食料価格の上昇は、消費者物価指数の上昇をもたらし、個人消費にマイナスに働く。

索　引

さ

た

な

は

ま

や

ら

わ

日経TEST　公式練習問題集 Part 2

2012年4月23日　1版1刷
2014年1月20日　　　3刷

編　者　日本経済新聞社

発行者　斎田　久夫

発行所　日本経済新聞出版社　〒100-8066　東京都千代田区大手町1-3-7
電話（03）3270-0251（代）
http://www.nikkeibook.com/

装　丁　佐藤可士和
本文組版　朝日メディアインターナショナル
印刷・製本　シナノ印刷

ISBN978-4-532-40731-5